閱讀孤獨

哲學大師教你推翻不適任的文字

(Arthur Schopenhauer)
阿圖爾・叔本華 著
劉大悲，陳曉南 譯

Lonely Reading

學者讀書，智者讀世界
唯有獨立思考才能發掘閱讀的真正價值

在寧靜中閱讀，從深思中覺醒
停止無用的知識堆積
獨立內化，才能把書本變成真正的精神財富

目 錄

第一章　時間的竊賊

- 008　流星、行星及恆星
- 009　內容和形式
- 012　時間的竊賊
- 015　袒裎地表達真理
- 020　油畫上的瑕疵
- 022　逗號與句號
- 025　作家和「勞動者」
- 028　痛苦短暫，快樂永恆

第二章　愛文字的純粹

- 032　何謂文學？
- 035　文學的使命
- 038　青年的煩惱與追尋

目錄

041	純粹感受
044	作家的選擇
046	抒情詩，敘事詩和戲曲
049	悲劇之魅力
051	活著，或死去
054	悲劇之本質
056	莎士比亞的悲劇世界
058	存在就是原罪
060	分析喜劇

第三章　如果思考從這個世界上消失了

064	思考和閱讀
067	真理與生命的守護神
069	如同哲學家一樣思考
072	閱讀不是思考的「替身」
075	精神世界裡的王
078	思想就像戀人

080	不平凡的平凡人
082	書不是看得越多越好
084	絕對不要濫讀
087	追逐保值的文藝
089	經久不衰

第四章　文學就是一面鏡子

094	詩和歷史
098	文學之力
102	文學不分國界
105	讓概念接近知覺
108	古代偉大的歷史學家都是詩人
112	詩歌中的魅力
116	詩歌中的價值
118	真實的詩人
120	人之鏡
124	純粹的展現藝術

目錄

第一章
時間的竊賊

第一章　時間的竊賊

流星、行星及恆星

我們可以用象徵的方式把作家分為三種，第一種像流星，第二種像行星，第三種像恆星。

第一種產生短暫的效果，我們注視著它們，大聲地喊著：「看呀！」然後，它們永遠消失無蹤。

第二種像行星，維持的時間較久。它們與我們比較接近，所以往往比恆星更為明亮，無知的人便誤把它們當作恆星。但是，它們也會很快地空出自己的地位，而且它們只是反射別處的光，而它們的影響範圍也只限於自己的同伴之間，即限於它們同時代的人之間。

第三種是唯一永恆不變的，它們固定於蒼穹之上，發出自己的光芒，各個時代都受它們的影響。當我們的觀察點改變時，它們的外觀不會跟著改變，它們沒有視差。

第三種與其他兩種不同，它們不只屬於某一天體，不僅僅屬於某一國家民族，而是屬於全人類、甚至整個宇宙。但是，正因為它們如此高遠，它們的光往往要許多年以後才能到達地球。

內容和形式

任何一部作品都是作者思想的複製品。這些思想的價值如果不在內容方面（即作者所思考的內容方面）就在形式方面（即處理內容的方式以及作者構思這些內容的方式方面）。

構思的內容種類很多，正如它給予作品的益處一樣多。所有經驗資料（即所有本性上和最廣泛意義下歷史或物理的事實）都是這裡所說的思想內容。作品特性是在思想內容方面，因此不論作者是什麼樣的人，作品可能都是最重要的。

可是相反，在形式方面，作品特性卻在主體上。討論的內容可能是大家都能接受和熟悉的，但了解這些內容的方式、思想的形式則是價值所在，這是形式方面的主題。因此如果這樣的作品是可以稱讚和獨特的，那麼其作者也必然會是受到稱讚的。從這裡我們可以知道，一個值得閱讀其作品的作者，他的價值越大，歸因於他思想內容的地方就越少，這些內容甚至是常見和常被用到的。我們都了解的希臘悲劇作家，用的都是同一種內容。

第一章　時間的竊賊

　　所以，當一部作品成名以後，一定要看清楚，它成名的原因到底是它的內容，還是形式。

　　一般讀者對內容方面比較感興趣，對形式方面興趣則較少。這種情形在一般人對詩集所表現出來的可笑態度中表現無遺，他們不辭辛勞地探索產生詩作的真正事實或個人環境，他們對這方面的興趣遠比對詩集本身來更濃厚。

　　拿歌德[01]的《浮士德》來說，他們在這方面的研究比歌德本人看的書還要多，他們研究有關《浮士德》的傳說，比研究《浮士德》更為專心。布爾格[02]曾經說過：「他們對勒諾做學術式的研究，研究勒諾到底是誰。」我們已經知道，這種情形也發生在歌德這位偉大的作者身上。這種忽視形式而對內容的偏好，好像一個人忽視伊特拉斯坎美麗花瓶的形狀和花紋，卻要對顏料和陶土做化學分析一樣。

　　思想的生命只延續到用語言表達時為止，一旦用語言表達出來也就僵化了，變成死的東西，卻又改變不了，就像史前時代的動植物化石一樣。我們的思想一旦用語言文字表達以後，就不再是真正的或根本上真實的了。當它開始為別人

---

[01] 歌德（Johann Wolfgang von Goethe，西元一七四九年至一八三二年，德國戲劇家、詩人。他的傑出作品有《少年維特的煩惱》（The Sorrows of Young Werther）、《浮士德》等。
[02] 布爾格（Gottfried Bürger，西元一七四七年至一七九四年），德國詩人。他的歌謠《萊諾爾》是德國所有詩歌中最有名的作品之一。

內容和形式

而存在時,就不再活在我們自己心中了,正如當小孩開始自己生活時便與母親分開一樣。

第一章　時間的竊賊

時間的竊賊

　　我們這個時代有許多沒有原則胡說八道的人,產生了許多低劣而無益的作品,這種潮流不斷興起,文藝雜誌應該成為抵抗這種潮流的巨石。由於它們的判斷剛正不阿、明智嚴格,應該毫不假以辭色,鞭撻所有不夠格作家寫出的東拼西湊的低劣著作,所有空洞頭腦藉以填滿腰包的廢話,也就是全部作品中十分之九的內容。因而文藝雜誌應該把反瑣碎反欺騙看作主要責任。

　　可是它們並沒有這樣做,相反,卻一直在無視這些現象,它們卑鄙地容忍了作家和出版商聯合起來,剝奪讀者的時間和金錢。它們的作家通常都是教授或文人學者,這些人薪水不多,所以是為了錢而寫作,於是他們有共同的目的,利益一致便聯合起來,互相支持,彼此捧場。這就形成了讚揚壞作品的現象,文藝雜誌上所登載的都是這種壞作品。其座右銘是:生活,我們要生活。

　　匿名寫作可以庇護各種文藝上的無賴,所以應該取消。匿名寫作之所以引入文藝雜誌中,本來是為了保障誠實評論

家不受作者及其讀者的憤怒指責。但是，文藝雜誌容許評論家的完全不負責任，甚至掩飾那些可以用金錢收買的卑鄙評論家的窘態，它們為了獲得出版商的賞錢而向讀者推介某些作品。

匿名寫作往往是用來掩飾評論者的晦澀、無能和無聊的。一旦他們知道自己可以庇佑於匿名之下時，這些人便會做出令人無法想像的卑鄙行為，當然更不怕在文藝方面做出臭名昭彰的惡行。

盧梭[03]在他的長篇小說《新愛洛伊斯》(*Julie or the New Heloise*)序言中說過：「所有誠實的人都在自己所寫的東西後面擺上自己的名字。」這句話更應該用在所謂的評論文章上！

你們應該讀讀讓‧保羅[04]的作品《瑟琳娜》(*Selina*)[05]，這樣，就可以知道一流作家如何想藉錯誤觀念來討論自己認為無意義的東西，雖然他不斷為這些自己無法忍受的荒謬思想所困擾，可是並不希望摒除這錯誤觀念，因為他曾經渴望

---

[03] 盧梭（Jean-Jacques Rousseau，西元一七一二年至一七七八年），法國文學家，西元十八世紀法國大革命的先驅。代表作品有《社會契約論》(The Social Contract)、《愛彌兒：論教育》(Emile, or On Education)。

[04] 讓‧保羅（Jean Paul，西元一七六三年至一八二五年）原名為約翰‧保羅‧弗里德里希‧里希特（Johann Paul Friedrich Richter），讓‧保羅為他的筆名。他是當時最有名的德國作家之一。

[05] 該書在讓‧保羅死後兩年即西元一八二七年出版，是一部不成功的作品。他決定不接受基督教，他發現有很多信念無法放棄，例如對不朽的信念。可是，這個不朽的信念除了作為他所反對的基督教的成分之外再不可能有任何其他的想法。

第一章　時間的竊賊

獲得它。這裡所說的觀念是指我們個人意識死後，持續存在的觀念。讓‧保羅在這方面的努力顯示出，這種觀念並非像一般人所想的，不是有益的錯誤，而是有害的錯誤。

袒裎地表達真理

要想對某一作家加以初步的評價，不必知道他思想的內容和形式，因為這要閱讀他所寫的全部作品，只要知道他如何思考就夠了。現在，關於他如何思考，關於他思想的主要本質和重要特質，他的風格提供了我們一個明確的印象。因為，這表示一個人整個思想的形式性質，不管他思想的內容和形式如何，這種形式的性質總是一樣的。這好像麵糊一樣，可以把它捏成種種不同的樣子。

正如有人問尤倫斯皮吉爾走到下個城鎮需要多長時間時，他給了這位問話者一個表面上毫無意義的回答：「走！」其實，他的意思是想從步伐中知道一定時間內他能走多遠。同樣只要我閱讀某一作家的幾頁作品，就多少可以知道我能從他那裡得到多少益處。

第一個規則是必須有東西可以表達，的確，這個規則就是好風格的充分條件。

平庸者的作品枯燥乏味，令人生厭，可能是下述事實的結果，即他們一知半解地表達自己，就是說，他們並不真正

第一章　時間的竊賊

了解自己所用文字的意義。因為這些文字是他們從別人處整套地學來的,因此他們所拼集的不是個別的文字,而是整套的話語框架,是一些「陳腐的詞句」。

這讓他們的作品明顯地缺乏那種展現本身特色的明確觀念,因為他們根本缺乏那種使觀念明晰的素養,根本缺乏明晰的思想。相反,我們看到的都是一些含混模糊的文字、流行的詞句、陳腐的語句和時髦的慣用語。因此,他們模糊的作品,好像是用陳舊的字版印出來的印刷品。

關於上面所說著作中的令人生厭的問題,我們應再做一般的觀察,即令人生厭的情形有兩種:一種是客觀的,另一種是主觀的。

客觀的令人生厭往往由於作者沒有任何明確的觀念或見聞知識可以表達。因為凡是具有明確觀念或見聞知識的人都可以直接方式把它們表達出來,並且總是能表達出明確清楚的概念,所以他們的作品既不冗長乏味,也不含混,也不模糊,根本不會令人生厭。

即使他們的主要觀念有錯,也是經過明確思考和仔細考慮的,就是說,至少在形式上是對的,因此他們所寫的東西往往具有某些價值。可是,基於同樣原因,客觀上令人生厭的作品則往往毫無價值。

祖裎地表達真理

　　主觀方面令人生厭只是相對的，這主要因為讀者對某一題目缺乏興趣，不過，這是由於讀者本身的限制。因此最令人欽佩的作品，對某一讀者而言可能在主觀上使他討厭。然而最壞的作品對某一讀者而言，可能在主觀上覺得很有興趣，因為該書所討論的問題或作者本人使他產生興趣。

　　一個裝腔作勢的作家，就像一個把自己打扮起來免得讓人把自己和一般民眾同等看待的人一樣，這種風險是紳士人物從來不敢冒的，儘管他衣著一般。正如過分裝飾和穿著華麗衣服反而表現出一個人的平凡一樣，裝腔作勢的風格也足以看出作者平庸的頭腦。

　　然而，如果你想像說話一樣寫作，這種想法也是不對的。所有寫作風格多少都保持某種與碑文體相近的痕跡，碑文體是一切風格的原始形式。因此這種企圖和相反的企圖一樣，都應該批評，因為要想像寫作一樣說話，一方面得有些學究氣，另一方面也得有理解力。

　　含混和模糊的表達方式是一部作品最壞的象徵，造成這種結果百分之九十九都是因為思想模糊，而思想模糊又是由於思想本身中原有的不和諧，不一致。如果頭腦中所產生的是真正的思想，作者立刻就能尋求明確的表達方式，並且會很快達到目的。顯而易見，明確思考過的東西更容易找到適當的表達方式。

第一章　時間的竊賊

　　一個人所能思索出來的一切思想，總是能用簡明易懂和毫不含混的文字輕鬆地表達出來。凡是把困難的、模糊的、含混的論述擺在一起的人，都是不能真正知道自己在說什麼的作家。他們所具有的只是對它的一種模糊意識，這種模糊意識只是想盡力形成思想而已。可是，他們也時常想對自己和他人掩飾一個事實，即實際上他們並沒有什麼東西可以表達。

　　真理是完全赤裸的，表達真理的方式越簡單，真理的影響便越深刻。例如對人生空虛所做的悲嘆，有什麼話比約伯的話更使人印象深刻呢？約伯說：「人為婦人所生，日子短少，多有患難。出來如花，又被割下。飛去如影，不能存留。」

　　正因為如此歌德純真的詩歌比席勒（Friedrich Schiller）經過修飾的詩歌不知要高明多少。也正因為這個，民歌產生了強而有力的效果。任何多餘的東西都是有害的。

　　能夠閱讀的人當中十分之九以上的人，除了報紙，什麼書都不讀，因此他們的拼字法、文法和風格幾乎都是根據報紙的原則形成的，而且由於他們的單純性甚至把自己對語言的扼殺看作簡潔、優美和真正的改革。

　　的確，一般從事對學識要求低的產業的年輕人，只因為

| 袒裎地表達真理

報紙是印出來的東西,就把報紙看作權威。因此國家應該採取相應的措施,確保報紙完全不犯語言上的錯誤。政府應該設立檢查單位來監督報紙達成這個目的,檢查者不支薪俸,只領獎金,每發現一個糟蹋語言或在風格上令人討厭的文字、文法或語法結構上的錯誤或用錯的介詞、系詞,就接受相當於二十法郎的獎金;若發現風格和文法上的笑話,則接受六十法郎獎金,發現的越多,則獎金加倍,這些獎金應由犯錯者支付。

　　凡是草率寫作的人,一開始就表示自己並不認為自己的思想有價值。因為只有對思想的重要地位和真實程度的信心,才能激發我們不屈不撓地發掘最明晰、最有力和最引人注目的思想表達方式。正如只有寶貴的東西或無價的藝術品才值得使用金銀盒子一樣。

第一章　時間的竊賊

油畫上的瑕疵

　　寫作風格方面的錯誤有它的主觀性，由於文學的沒落和古代語言被忽視，寫作風格方面的錯誤越來越普遍。

　　這種錯誤是這樣的，作家只要自己了解自己的意圖就滿足了，作家幾乎完全不管讀者，讓讀者自己隨意體會。作家不理會這種問題的存在，繼續寫出自己的東西，好像一個人獨白似的。可是，文學實際上應該是一種對白，而在這種對白中，表達者必須明確地表達自己，不要使對方產生任何疑問。

　　正因為如此，寫作風格不應該是主觀的，而應該是客觀的。所謂客觀風格是指，在這種風格中，語言安排使讀者和作者所想的完全一樣。但是這種作者與讀者的思想交流是服從重力法則的，即從頭腦流溢於紙上遠比從紙上灌輸到頭腦中容易。因此要從紙上把思想灌輸到頭腦就需要我們讀者的主動配合，只有當作者知道這一點時，才會產生上述情形。

　　如果真的產生了這種情形，那麼文字就像完成了的油畫

| 油畫上的瑕疵

一樣，在一種完全客觀的方式下發生作用；而主觀的風格如同牆上的汙點，甚至比牆上的汙點更難發揮效果。只有被這些汙點激發想像力的人才能在其中發現某些形狀和圖畫，對其他的人而言卻只是汙點而已。

　　這裡所說的區別適用於整個思想交流方式，但是也可以在個人交往中表現出來，例如我剛在一部書中讀到的「我的寫作不是為了增加現有書籍的數量」這句話所表示的，正是與作者的原意相反的廢話。

第一章　時間的竊賊

逗號與句號

　　寫作藝術中最重要的原則應該是：任何一個人在同一時間內只能想一件事情，因此我們不應要求他在同一時間想兩件事情，更不應要求他想兩件以上的事情。但是，如果我們在句子中插入括號，把句子分開以適應括號中的文字，那麼，這就是要求一個人在同一時間想兩件或兩件以上的事情，這種做法會引起不必要的混亂。

　　在這方面，德國作家違反得最嚴重。當然，主要原因在於德文比其他現存文字更易助長這種錯誤，但不能以此為藉口。用任何文字寫出來的散文，都沒有比用法文寫出來的散文讀來更輕鬆愉快。法文通常不會犯這種錯誤的原因在於，法國作家以最合乎邏輯和自然的順序將自己的思想一個一個地表達出來，然後一個一個地擺在讀者面前。因此讀者可以全力注意其中的每一個思想。相反，德國作家卻不同，德國作家把所有思想交織在複雜的句子裡，因為他一定要在同一時間內表達好幾件事情，而不是把它們一個一個地表達出來。

逗號與句號

德國人真正的國民性格是陰鬱沉靜的。他們的步法、活動、語言、談話、敘述方式、理解和思想方式中，尤其是寫作的風格明顯地表現出這一點。從他們喜歡使用冗長滯重而複雜的句法中，也能明顯地看出這一點。

冗長滯重而複雜的句子增加記憶的負擔，讓我們無助，一直到句子的最後，才能看出原由，才能解開這個謎。這是他們所喜歡的東西，如果他們同時還能裝腔作勢和說大話，一定也會在文字顯示出來。但是這麼做只會失去讀者。

把一種思想直接置於另一種思想之上，這顯然違背一切健全理性。但是，如果一個作家在自己已經開始表達的語句中加上某些完全不同的東西時，讀者所看到的，只是毫無意義的一半句子，直到另一半句子出現時，才能完全掌握它的意義。這就像給客人一個空盤子讓他希望有東西能在盤中出現一樣。

如果括號與原來的句子並不是密切貼合在一起，只是為了直接破壞句子的結構而插進去的，那麼這種造句的方式就達到了不雅致的極點。如果我們說，打斷別人的說話是一種不禮貌的行為，那麼打斷自己說話也同樣是一種不禮貌的行為。可是這種行為卻出現在許多的造句法中，多少年來，所有以賺錢為目的、下等的、粗心的、胡說八道的傢伙，每一頁都用括號五六次之多，並且以此為樂。

第一章　時間的竊賊

　　這是突然停止一個詞語以便加上另一詞語的拙劣方式。不過，他們這樣做，不只是由於怠惰，也由於愚昧，他們認為這是一種可以讓論述有生氣的做法。其實只有在很少的情形下，這種句法才有存在的理由。

　　很少有人像建築師造房子一樣寫作。建築師造房子時往往事先繪圖並仔細思考最微小的細節。大多數人的寫作，像是玩骨牌遊戲，他們的句子像骨牌遊戲一樣，一個一個連在一起，有的是經過思考的，有的則是十分偶然的。

作家和「勞動者」

在我看來，作家有兩種：一種是為表達自己的思想而寫作的人，另一種是為寫作而寫作的人。

前者心中具有某種觀念或體驗，他們覺得這種觀念或體驗值得表達出來；後者需要金錢，這也是他們寫作的原因——為金錢而寫作。他們的觀念和思想是半真半假、含糊不清、勉強且游移不定的，他們總喜歡朦朧不清，這樣就可以表現自己不曾經歷的東西，這就是他們的作品缺乏明確思想的原因。你可以很快地看到，他們的寫作只是為了填滿稿紙。你一旦發現這種情形，就應該把這種書丟開。時間是寶貴的。報酬和保留版權可以說明文學事業的毀滅，只有完全為表達自己需求表達的觀念或體驗而寫作的作家才會寫出值得閱讀的作品。不過這好像對金錢有一種詛咒的心理。

每個作家，一旦開始為收入而寫作，就會寫得很壞。所有偉大人物的最偉大作品都是屬於某一個時代的，在這種時代裡，他們必須寫出自己的作品，沒有任何目的，所得報酬也非常少。有一句西班牙諺語就告訴過我們：「榮譽和金錢不

第一章　時間的竊賊

會出現在同一個袋子裡。」

許多惡劣的作家完全依賴讀者的低階趣味（就是只閱讀剛印行的文字），這種作家就是「新聞」記者。這個名字安得真好，在英文裡面，這個名字的意義是「日常勞動者」。

我們也可以把作家分為三種。第一種作家寫作時沒有任何思考。他們靠記憶、甚至回想別人的著作而寫作，這種作家的人數最多。第二種作家寫作時才思考，他們思考的目的是為了寫作。第三種作家在寫作前就先思考，他們從事寫作只是因為他們有思想，這種作家最少見。

即使在寫作之前慎重思考的少數人當中，也很少有人注意思想主題本身，大多數人只是關注別的作家的作品，只是關注別人對這些主題表達過的觀念或體驗。換句話說，如果他們要思考，就必須用別人創造的觀念對自己進行有力的刺激。

那麼，這些觀念便是他們的直接題材，他們不斷受到這些觀念的影響，因而永遠無法創作出真正原創的觀念或體驗。可是另一方面，上面所說的少數人中存在因主題本身而引起思考，因此他們的思考直接指向這個主題。只有在這些人當中，才可以發現持久而不朽的作家。

作家和「勞動者」

　　只有取材於自己頭腦中的作家，他們的作品才是值得閱讀的。

　　我們圖書館的書架上一層一層地保留著過去的錯誤，像地層中一層一層地保留著古代生物的遺骸一樣，而對錯誤所做的解釋也保存了下來。這些錯誤以及對錯誤所做的解釋曾經是非常生動的，在它們所在的時代也產生過很大的騷動。可是現在卻僵化了，只有古生物學家和考古學家才會重視它們。

第一章　時間的竊賊

痛苦短暫，快樂永恆

　　就世界歷史來說，半個世紀算得上是相當長的時間了。因為，就歷史上經常發生的事件而言，它的內容經常變動。可是相反，在文學史上來說，半個世紀根本不算多長的時間，因為沒有什麼事件發生：情形還是和五十年前一樣。

　　與這種情形一致的是，我們發現科學、文學和藝術的時代精神大約每隔三十年就更新一次。因為在此期間，每個時代精神中所蘊含的錯誤已經成熟了，這些錯誤而荒謬的壓力摧毀這種時代精神，同時也助長了相反觀點的力量。這樣就突然產生一種變動，但是隨之而來的又是另一方面的錯誤，把這種情形週期性重複展示出來就是文學史中真實的內容。

　　希望有一天有人寫出一部文學的悲劇史，告訴我們，雖然很多國家現在把它們偉大的作家和藝術家引為無上光榮，可是想當初這些人在世時，它們又是如何對待自己的作家和藝術家的呢？這段歷史告訴我們，各個時代、各個地區的真正優秀的作家和藝術家，往往要耐心地對抗最壞和最頑固的現實世界。

痛苦短暫，快樂永恆

　　這部文學悲劇史的作者會描述所有人類真正的啟蒙者，各種藝術的偉大大師的痛苦。作者會讓我們知道，除了少數的例外，這些人如何在貧困和不幸中受苦，沒有讚譽，沒有同情，沒有門人，而名聲、榮譽和財富卻都被同時代的那些無價值的人擁入懷中。

　　他們的命運多麼像以掃[06]的命運，當以掃外出打獵，為父親覓取獵物時，他弟弟雅各（Jacob）奪去了父親對他的祝福（繼承權）。這一故事也告訴我們，儘管有許多阻難，但是他們對自己事業之愛卻支持著他們，一直到最後出現這樣一位人類教育家的艱苦奮鬥獲得最後勝利，永不凋謝的桂冠向他招手，而歌頌他的時刻也就到來了：

　　沉重的甲冑，變成孩童輕便的衣服；痛苦短暫，快樂無窮。

---

[06] 以掃（Esau）為以撒（Isaac）長子，事見《聖經・創世記》（Book of Genesis）。

第一章　時間的竊賊

第二章
愛文字的純粹

第二章　愛文字的純粹

何謂文學？

　　我認為文學最簡單、最正確的定義應是「利用詞句使想像力活動的技術。」維蘭德 [07] 在寫給梅爾克的一封信函中，足以確證此定義。他說：

　　我只為文中的一小節就花了兩天半的時間，原因只為沒找出一個恰當的詞，整天總在這方面思索。這當然是因為我希望能像一幅繪畫一樣，把我眼前浮現的確定視象，原封不動地搬到讀者面前。此外，正如你也知道的，在繪畫中，即使一筆一畫，或光線的明暗，甚至連一個小小的反射光，也常會改變全體的旨趣。

　　文學所描繪的素材，加上讀者的想像力，帶來別樣的感受。也就是說，這些經過精緻筆觸細密加工的文學作品，最適於某人的個性、知識、情緒，自然就會刺激他的想像力。相同的詩或小說，因讀者個性及其他方面的差異，感觸就會大異其趣。

　　但是，造型藝術（繪畫、雕刻、建築等）則沒有這種方

---

[07]　維蘭德（Christoph Wieland，西元一七三三年至一八一三年），德國作家。

便。它必須靠一個形象，一個姿態來滿足所有的人。在這形體之中，往往以不同手法，主觀的或偶然的附帶上藝術家或模特兒的個性特徵。當然，這些附帶物越少越具有客觀性，也越能顯示這個藝術家的天賦。

　　文學作品之所以能比繪畫、雕像有更強烈、更深刻的普遍效果，以上所述，就是重要原因之一。一般人對繪畫、雕刻，反應冷淡，因此，造型藝術的效果也甚為微弱，一些大畫家的作品，往往出現在隱僻的場所或為私人所收藏，那不是被人故意地隱匿或當作珍品般藏之名山，而是一向就不受注意，也就是說從來都不曾顯示它的任何效果，只是偶然地被人發現而已。

　　從這個事實來看，我們不難了解造型藝術的效果為什麼這麼微弱了。西元一八二三年，當我在義大利的佛羅倫斯時，發現拉斐爾（Raphael）的畫作〈聖母像〉，那幅畫長年掛在宮廷婢僕家的牆壁上，這件事竟發生在素有「藝術王國」之稱的義大利，能不令人慨嘆？因此，更可證明，造型藝術很少有直接的效果，並且也足以證明藝術的評價，比其他一切作品都難，也需更多的教養和知識。

　　相反，動人心弦的美麗旋律，卻能遍歷世界，優美的文學也可為各國國民爭相傳誦。富豪顯貴是造型藝術最有力的靠山，他們不但能花費巨資購買名畫，對有名的古代大師的

第二章　愛文字的純粹

畫,也當作偶像頂禮膜拜,有時甚至不惜拋棄廣大土地的代價,全力求得。

因此,傑作越是難得一見,持有者也越覺得值得誇傲。其次,外行人欣賞藝術作品時,只需花一點時間和努力,當下一瞥就看出所畫的是什麼東西,因此,藝術作品不受一般人重視。不像品味文學作品,需要瑣碎的條件,音樂也一樣。所以,沒有造型藝術也無妨,例如,伊斯蘭教諸國,任何造型藝術都沒有。

但文學和音樂,任何文明國家都有。

每隔三十年,都會產生新的一代,他們一無所知,卻想一口吞下人類幾千年來累積的知識,然後自以為知道得比過去所有的加起來還要多。

他們上大學去搜求書籍,尤其是搜求最近出版的書籍,最近出版的書籍是他們同時代的東西。一切都快速,一切都新奇,像他們自己一樣神奇。然後,這一代帶著他們自己的信念一起消逝了。

文學的使命

文學的目的是推動我們的想像，啟示我們「理念」，換句話，就是以一個例子來表示「人生和世界到底是怎麼回事」。所以，文學家的先決條件是，洞悉人生和世界。由他們見解的深淺，來決定作品的深度。

理解事物性質的深度和清晰度，可區分出很多等級，同樣，文學家的品類也很多。其中大部分都以為他已把自己所認知的非常正確地描寫出來，和原物殊無二致，認為自己是卓越、偉大的作家；或者，他們閱讀大文豪的作品時，也覺得他們的認知不見得比自己多，不見得比自己高明，滿以為自己也可躋入名家之列。這就是他們的眼光永遠不能深入人心的原因。

第一流文學家能知道別人的見解為何淺薄，也能知悉其他人所看不到、所描寫不出來的東西，更知道自己的眼光和描述究竟在什麼地方比別人優秀。他也知道自己是第一流的文學家，那些淺薄的人無法了解他們。

因此，真天才、大文豪，往往要陷入一段長時期的絕望

第二章　愛文字的純粹

生活。能中肯地評價一流作家的，本身已不平凡，這種知音太難得了。而平庸的文人又不尊重他們，正如他也不尊重平庸文人一樣，所以，在未得世人的稱讚之前，只好長久地過著自我欣賞、自我陶醉的日子。然而，世人又要求他們應該自謙，連自我稱讚都受到妨礙，就這樣，知道自己的長處和價值的人，和那些毫無所知的人，無論如何總是談不攏。

偉大就是偉大，不凡就是不凡，實在不必謙遜，如果從塔的基底量至塔尖是三百尺，那麼從塔尖至基底也應該是三百尺，不會少一絲一毫。古來的名家如賀拉斯[08]、盧克萊修[09]、奧維德[10]等從不菲薄自己，都說得很自負，近如但丁（Dante）、莎士比亞，及其他許多作家，也莫不如此。不了解自己的偉大所在，但又能產生偉大作品，天下絕無此理。謙稱自己無價值，只是那些絕望的沒有能力的人，用以勸慰自己的歪理。

某個英國人說了一句話，乍聽有點滑稽，但蘊含至理，他說：

merit（價值）和 modesty（謙遜），除頭一個字母相同外，再無共通之點。

---

[08] 賀拉斯（Horace，西元前六五年至前八年），古羅馬詩人。
[09] 盧克萊修（Lucretius，約西元前九九年至前五五年），古羅馬詩人、哲學家。
[10] 奧維德（Ovid，西元前四三年至約西元一七年），古羅馬詩人，長詩〈變形記〉作者。

我常常懷疑，大家要求謙遜的想法是否正確。柯爾紐更直截了當地說：

對虛偽的謙遜，不能寄予太大的信任。我知道自己的價值，別人也信任我所談的事情。

歌德也不客氣地說：

只有無用的奴輩才謙遜。

不讀書的藝術是一種非常重要的藝術。不讀書的藝術是對那些在任何特定時間引起一般讀者興趣的作品，根本不產生興趣。當某些政治上或教會方面的小冊子、小說、詩歌產生很大影響時，你應該記住，凡是為愚者寫作的人都很容易獲得大量的讀者。

讀好書的先決條件是不讀壞書，因為人生是短暫的。

第二章　愛文字的純粹

青年的煩惱與追尋

口頭上經常掛著「謙遜！務必要謙遜」的這類人才是真正沒出息的人，才是完全沒有價值的奴才，是人類愚民團的正牌會員。因為，只有自身有價值的人，才會了解他人的優劣所在。當然，這裡所稱的「價值」是指真正而且確實存在的價值。

我真希望全世界那些不學無術、沒有任何特長的人完全不存在。這些人一接觸到他人的眼光，就恍如置身拷問臺一般，蒼白的、青黃色的嫉妒火焰啃噬著他們的心。因此，他們想剿滅得天獨厚的人，如果沒有辦法剿滅，也盡量設法隱蔽或否定別人的特長，不，應該說要那些有價值的人放棄自己的特長。

我們耳邊之所以經常響起對謙遜的讚美言辭，原因在於謙遜的讚美者，一遇到具備某種真價值的東西出現，就會把握機會，想盡辦法使它窒息，或者阻遏它，不讓我們知道，誰又會懷疑他們的居心呢？這正是對他們的理論的實習。

再說，文學家也像藝術家一樣，雖隨時隨地提示我們

是個別的事物和個體,但他所認知的以及欲使我們認知的是「柏拉圖式的理念」,是全體種族。因此,他所描繪的形象中,表現的是人的性格和境遇等的「原型」。敘述故事的小說家和戲劇家,就是從人生擷取個別的事物,精細地描寫他的個性,由此啟示我們全部人生。

當然,他們所處理的事情,表面上雖是特別的事情,實際上卻是在任何時代、任何角落都存在的事情。文學家,尤其是戲劇家的詞句,不但可當作一般格言,而且在實際生活中往往也非常適用。

文學和哲學的關係,猶如經驗對實驗科學的關係一樣。經驗是在個別例項中來表達現象,而科學是以一般概念統括全體現象。同理,文學是透過個別的事物或例項,使我們知悉萬物的「理念」。而哲學是教我們從事物的內在本質進而了解其全體和普遍本性。由這點看來,文學具有青年熱情奔放的特質,哲學則帶有老年的老成持重的氣質。事實上,文學花朵的盛開綻放,也唯有在青年時代最為豔麗;對文學的感受力,也是在這一時期屢屢產生熱情。青年們大都喜歡韻文,喜歡唱詩,甚至有些人狂熱到簡直像三餐一樣,缺它不可。這種傾向隨著年齡的增加而逐漸遞減,一到老年則喜歡散文。由於青年時期的這種文學傾向,所以對現實的見解和抱負,很容易遭受破滅。因為文學和現實差距甚大,文學中

第二章　愛文字的純粹

的人生是樂趣無窮的,從無痛苦。

現實則剛好相反,生活即使沒有痛苦,也毫無樂趣;若一味追求快樂,則又沒有不痛苦的道理。青年們接近文學雖比接觸現實來得早,但為了現實的要求,不得不放棄文學。這就是最優秀的青年常被不愉快所壓服的主因。

如果你有時間讀好書,那麼買好書是一件好事。可是通常人們總是誤認為買書就得到了書中的寶藏。

純粹感受

韻律和韻腳雖是一種拘束物,然而也是為詩人穿上「被覆」,說些別人所不敢說出的心聲也無妨,它使我們熱愛的原因就在這裡。它對自己所說的事情只負一半責任,其他一半由韻律和韻腳分攤。

韻律只是旋律,其本質在時間之中,而時間先天特點就是純粹直觀,所以,以康德(Immanuel Kant)的話來說明,它只是屬於純粹感受力。

與之相反,韻腳是用感覺器官來感覺的,屬於經驗的感覺。所以,旋律方面遠比韻腳更具氣質和品格。古希臘與古羅馬人也因此而輕視韻腳。韻腳的起源,是由於古代語言頹廢,以及言語的不完全。法國詩歌貧弱的主因,就是因為沒有韻律單有韻腳,為了隱藏這個缺點,就用種種手段製造許多玄虛而不切實際的規則,使韻腳更加困難,也由此更加深內容的貧弱。例如,兩個單字間禁止母音重複,不准使用某些詞彙等等,總之,花樣繁多,不勝列舉。近來,法國詩人已在努力解除所有的限制。

第二章　愛文字的純粹

　　我覺得任何國家的語言都比不上拉丁語帶給人韻腳明快、強烈有力的印象,中世紀踩韻腳的拉丁詩具有特殊的魅力,這是因為拉丁文詞彙優美而又完善,為近代諸國語言所無法企及,所以,韻腳這個裝飾品,原本為大家所輕蔑,唯獨拉丁文附上它,卻能顯出優雅之趣。

　　在若干句子間,再響起同一個韻,或者使句子表現得如同旋律的拍子,倘若硬規定上這類孩子氣似的目的,不論在思想或表現手法而言,都會受到一層拘束。嚴格地說,這才是對理性的叛逆,但如果不行使些暴力,又產生不出韻文來,即使偶爾有之,也絕不會太多,所以在其他語言中,散文遠較韻文容易理解。

　　我們若能看到詩人的祕密工廠,就不難發現,韻腳求思想的難度比思想求韻腳多出十倍以上,換言之,韻腳遠在思想之先的情況為多,若思想在前,而又堅決不讓步,就難以處理了。

　　韻律和韻腳的強大之處還在於,它能把所有的時代和民族拉到自己的身側。

　　韻律和韻腳觸及人心的作用很大,它們特有的神祕誘惑手段也非常有效。我想其中的原因是,高明的韻文表達思想所用的詞彙,早就被預先創造出來,詩人只花「尋找」之勞而

已。稀鬆平常的內容加上韻律和韻腳,乍讀起來,似乎也頗有意味深長的味道。就像姿容平凡的少女經過化妝後,也頗能惹人注目。即使偏頗、錯誤的思想,一旦寫成韻文,也好像蠻有道理似的。

　　愚昧無知如果伴隨著富豪巨賈,更加貶低了人的身價。窮人忙於操作,無暇讀書也無暇思想,淪為無知,不足為怪。富人則不然,我們常見其中的無知者,恣情縱慾,醉生夢死,類似禽獸。他們本來可以做極有價值的事情,可惜不能善用財富和閒暇。

第二章　愛文字的純粹

作家的選擇

　　有的國家的許多詞彙只宜於詩歌，而不宜於散文，這對詩是不利的，若是不宜於詩的詞彙太多，這對詩也是不利的。前者以拉丁文、義大利文情形最多，後者以法文為最。法國最近把這種現象稱為「法文的嚴謹」，的確說得深中肯綮。這兩種現象又以英文較嚴重，而德文最少。專供詩用的詞彙，距離我們的心較遠，不能直接表達精神，使我們的感情處於冷淡的狀態中，它是詩的會話用語，是畫裡的感情，排除真實的情感。

　　物質戀愛觀等都摻雜於其中，連浪漫派代表作家的作品中也可以辨認出這些動機是如何奇怪地歪曲人事關係和人類天性的。例如，卡德隆（Pedro Calderón de la Barca）就是其中之一，像他的宗教劇《最惡的事情未必都是決定性的》、《西班牙隊的最後一場決鬥》以及幾篇喜劇作品都很荒唐無稽。再者，他們的會話也經常表現出繁瑣哲學[11]的繁瑣，然而這種繁瑣本屬於當時上流階級的精神修養。

　　相反，忠實於自然的古人作品，就比他們優秀多了。並

---

[11] 繁瑣哲學，西歐中世紀的經院哲學。

作家的選擇

且,古典派的文學具有絕對的真理和正當性,浪漫文學則有限得很。希臘建築和哥德式建築(拱形建築)的差異,也是如此。但要注意的是:一切的戲劇和敘事詩,若把故事地點放在古代的希臘或羅馬,由於我們對古代知識(尤其有關生活細節)的了解只是片段的,並不充分,且又不能由直觀來認知,所以,這些作品處於不利的地位。

因此,作家就迴避許多事情,而以庸常的事情來滿足讀者,這樣一來,他們的著作就限於抽象,缺少了文學所不可或缺的直觀和個性。所有的這類作品,讓人覺得空虛或苦悶的原因即在此。但這種東西一到莎翁手中,就完全脫離上述缺點,因為,他能毫不遲疑地描寫出古希臘、古羅馬時代的英國人的生活。

作家們各有擅長,例如雄辯、豪放、簡潔、優雅、輕快、詼諧、精闢、純樸、文采絢麗、表現大膽等等,然而,這些特點,並不是讀他們的作品就可學得來的。如果我們自己天生就具有這些優點,也許可因讀書而受到啟發,發現自己的天賦。看別人的榜樣而予以妥善應用,然後我們才能具有類似的優點。這樣讀書可教導我們如何發揮自己的天賦,也可藉此培養寫作能力,但必須以自己有這些天賦為先決條件。否則,我們讀書只能學得陳詞濫調,別無利益,充其量不過是個淺薄的模仿者而已。

第二章　愛文字的純粹

抒情詩，敘事詩和戲曲

多數的抒情詩傑作，尤其是賀拉斯的那兩三篇頌歌（例如第三卷的第二首頌歌）和歌德的幾首詩歌（例如〈牧羊者的哀歌〉）思想完全是跳躍的，沒有內在的連繫，因此被許多人批評。

其實他們是故意避開倫理脈絡，取而代之的是以詩中所表現的根本感情或情調的統一。這個統一，就像一條線把許多珍珠全體串起來，使描寫的對象迅速轉變，然後清楚地表現出來。這恰如音樂中的變調，第七諧音的基調還在作響，突然變成新調的屬和弦。

抒情詩中以主觀的要素為主宰，戲曲中則為客觀的要素所獨霸。敘事詩則介於此二者之間，它所占的幅度較廣，往往這三者之中，從故事性的談詩到真的敘事詩，中間還有很多形式和變形。寫敘事詩主要在於客觀，但主觀的要素也必不可少。主觀要素會因為時間的不同而有程度的差異，所以敘事詩居於中間的位置。詩中要盡量把握機會利用人物的獨白或在敘述的過程中容納主觀，所以，詩人也像戲劇家一

樣,是不會完全把人物看丟的。

總之,戲曲的目的是以一個例項來表示:「人的本質和生存是什麼?」在這裡所表現的,有悲哀的一面,也有愉快的一面,或者是悲喜兼而有之。話說回來,「人的本質和生存」的問題,已經暗暗隱藏在戲曲中了。因為在戲曲中,到底應以本質(即性格)為主?還是以生存(即命運、事件、行為等)為主?這一類的問題,總是會引起爭論。

除此之外,生存和本質只有在概念上才能加以分割,在描寫時雖然它們緊緊地纏在一起,但還是很難區分。因為,只有靠事件和命運等才能讓人物性格有所發揮或襯托出人物的性格;也只有從人物的性格才能產生動作,由動作而製造事件。當然,在描寫時,可以偏重於某一方,使戲劇區分為「性格劇」和「故事劇」兩大類。

敘事詩和戲劇的共同目的,是以特殊境遇的特殊性格(人物)為基礎,描寫由此所引出的異常動作。而這個目的,只有詩人在平靜的狀態下才能達成。只有詩人的態度平靜,所創作出的人物個性才能具不一樣色彩,才能提出一個動機,由動機產生一個動作,再由此動作產生更強烈的動機。如此周而復始,動作和動機越來越顯著,越來越激烈。人物個性和世態同時都很清楚地展開表現。

第二章　愛文字的純粹

　　偉大作家可以幻化為各色各樣的角色，描寫對話，完全切合角色的身分和性格，一會寫英雄激昂的陳詞，一會又換成純真少女撒嬌的口吻，無不栩栩如生，如見其人，如聞其聲，莎翁、歌德等都屬於這種層次的作家。

　　第二流作家，只能把自己化身為書中主角，像拜倫（George Byron）便是。在這些作家的作品中，陪襯的角色往往只是沒有生命的木偶。等而下之的平庸作品，那就更不用談了，連主角也沒有生命。

　　愛好悲劇的心理，不屬於美的感覺，而是惻隱之心的最高表現。當我們看到存在於自然之中的崇高時，為了採取純粹直觀的態度脫離了意志的利害，這時我們看到悲劇結尾的感觸實際已擺脫「生存的意志」。

　　即使在最偉大人物的作品中，也可以指出許多嚴重的錯誤，因此賀拉斯說：「荷馬（Homer）也有打瞌睡的時候。」另一方面，使天才與眾不同的因素以及評斷天才的標準是在時機和心境成熟時天才所能達到的成就，而這種成就是才能平凡的人永遠無法達到的。

悲劇之魅力

悲劇中所展示的是人生的悲哀面,如人類的悲慘際遇、偶然和迷誤的支配、正人君子的沒落、凶徒惡棍的凱歌等等,直接反對我們意志世界的諸相都赤裸裸擺在眼前。眺望這些景象時,意志已經離開了生活,取而代之的是憎惡、唾棄的心理。正因為如此,我們覺得似乎心裡邊殘留著某一種東西,但所殘留的絕不是積極的認知,而只是消極的厭世之念。

這種情形,就像第七諧音伴著基本諧音所產生的變調,或是紅色混上青色所產生的另一種不同的顏色。所有的悲劇所帶來的是,要求完全不一樣的生存和一個不同的世界。對這個世界的認知,大抵只是由間接而得(即由上述情形而產生)。當看到悲劇結尾的那一剎那,我們必須更清晰地明白人生原來是這麼一場悲慘的夢。就這一點來說,悲劇的效果似乎是一種崇高的力量,這兩者都能使我們超脫意志及其產生的利害,使感情變化。

第二章　愛文字的純粹

　　悲劇的事件不論採取什麼形式來表現，都是為了使我們的心情高揚，都會賦予特殊的跳躍。悲劇中之所以帶有這種性質，是因為它產生「世界和人生並不真能使我們滿足，也沒有讓我們沉迷的價值」的認知。悲劇的精神在於此，也正因為如此，才引導我們走向「絕望」。

　　我也承認，古希臘、古羅馬的悲劇中，甚少直接以動作表現或以口頭的方式說出這種絕望的意念。《伊底帕斯在柯隆納斯》[12] 一劇中的主角，雖能看得開而欣然就死，但仍然藉著對母國的復仇之念來作為慰藉。《在陶里斯的伊菲革涅亞》[13] 最初本是盡量逃避「死」，但為了希臘全體人民的幸福而欣然受死。希臘偉大的劇作家艾斯奇勒斯[14]在《阿加曼農》一劇中，卡珊德拉（Cassandra）雖然也是從容而死，她還說「我的人生已經足夠了」，但仍用復仇的念頭來安慰自己。

---

[12] 古希臘悲劇作家索福克里斯（Sophocles，西元前四九六年至前四○六年）的名著。

[13] 古希臘悲劇作家尤里比底斯（Euripides，約西元前四八○年至前四○六年）的作品。

[14] 艾斯奇勒斯（Aeschylus，約西元前五二五年至前四五六年），古希臘悲劇作家。

活著，或死去

索福克里斯《特拉基斯婦女》中，海克力斯（Hercules）雖是為時勢所屈而慷慨赴義，但也不是瀕臨絕望。尤里比底斯的《希波呂托斯》也一樣，為了安慰他而出現的女神阿提米絲（Artemis）對他保證說，死後一定替他蓋祠廟和確保身後的名譽。但絕不是指示他超脫人的生存，但遺憾的是像所有的神靈遺棄瀕死的人一樣，這位女神終於也棄他而去。

基督教中說天使出現在臨死的人跟前，婆羅門教、佛教中也有相同的說法，並且，佛教的諸神佛實際還是從死人中「輸入」。所以，希波呂忒（Hippolyta）和希臘所有的悲劇主角一樣，雖然對這難以逃避的命運和神靈不可違拗的意志看得很開，但並沒有表現放棄「生活的意志」。

斯多葛學派的恬淡和基督教的看破紅塵，根本上就大異其趣，主要的區別是：前者泰然接受和低著頭忍耐那些難以逃避的災禍，基督教則是斷絕、放棄意欲。古代悲劇的主角屬於斯多葛派，在命運不可避免的打擊下，老老實實地臣服；基督教的悲劇則反之，它們是放棄全體的「生存意志」，意識

第二章　愛文字的純粹

到世界的無價值和空幻,而樂意放棄世界。

但我總覺得近代的悲劇比古代悲劇境界又勝一籌。莎翁比索福克里斯不知高明了多少,尤里比底斯和歌德更不能相提並論,他們的同名劇本《在陶里斯的伊菲革涅亞》相較之下,前者就顯得既粗野又卑俗。他的那一篇《酒神的女信徒》一劇,偏袒異教僧侶,讀來令人厭惡、憤怒。

大多數的古代戲曲,沒有完全的悲劇傾向,例如尤里比底斯的《阿爾克斯提斯》、《在陶里斯的伊菲革涅亞》等都是這樣。有一些作品的寫作動機,更令人生厭作嘔,例如《安蒂岡妮》、《斐洛克特底》(同為索福克里斯之作)就是如此。

再者,古代的悲劇幾乎都是在「偶然」和「迷誤」的支配下而引起事件,然後又由於偶然和迷誤逃脫大難,從來不會陷入山窮水盡的絕境。這些都是古代作家火候不夠,尚未能到達悲劇的高峰,不,應該說他們對人生的見解還不夠透澈和深入所致。

所以,古代的悲劇主角,幾乎沒有人描寫他們的絕望心境,就是擺脫生存意志的心理意向。悲劇的特殊傾向和效果,就是在喚醒觀眾的這種心境,即使在極短暫之間,也能誘導這種思想。舞臺上的種種悲歡離合和各種悲慘際遇,為觀眾所展示的是人生的悲慘和無價值,即人生所有的努力等於零。

> 活著，或死去

　　所以，縱是感情冷漠的人，他的心境也會暫時脫離人生，意欲也一定會轉移他處，而覺悟到世界和人生並沒有什麼值得留戀的；在他的心靈深處一定會自覺地產生「否定意欲」的生存。如果這一點都達不到的話，所謂擺脫人生所有目的和財寶的淡泊寧靜，或者精神脫離人生和社會誘惑的情操，或者心境的高尚趨向等等的悲劇效果，這些都能獲得嗎？並且，人生悲慘方面的描寫，清晰地來到我們眼前時的那種明快的作用和崇高的享樂，能望得到嗎？

　　據希羅多德[15]說，波斯國王薛西斯一世（Xerxes I）眼看著自己的百萬雄師，想到百年之後竟沒有一個人能倖免黃土一抔的厄運，感慨之餘，不禁泫然淚下。我們再聯想到，書局、出版社那麼厚的圖書目錄中，十年之後，許多書籍將沒有一本還為人所閱讀時，豈不也要有泫然淚下的感覺？

---

[15] 希羅多德（Herodotus），生於西元前五世紀的希臘歷史學家，有「史學之祖」的美譽，以敘述波斯與古希臘的戰爭名著《歷史》（Histories）而永垂不朽。

第二章　愛文字的純粹

悲劇之本質

　　亞里斯多德雖曾說悲劇的最終目的是使我們產生「恐怖」和「同情」的情緒，但這兩種感情不屬於愉快的感覺，因此恐怖和同情並不是目的，只不過是一種手段罷了。所以，擺脫意志的要求，才是悲劇的真正目的，才是特意描寫人類煩惱的終極目的。由於「看破」而產生的精神的高揚，不是表現在主角身上，而是觀眾看到這麼大的煩惱而激起的心靈感觸。再者，對身陷如此苦惱的主角，他們的下場也不一而足，有的得到正當的報應，有的報應完全不當。

　　在這方面來說，古今作家的手法大致相同，先總體描寫人間的不幸事件，然後引導讀者進入上述情形中，獲得滿足。但也有一部分作家手法又不那麼相同，他們只描寫煩惱心情的轉向。前者只提出前提，結論則任憑讀者自己去推測；後者所含的教訓，則在描寫主角的心理變化或在齊唱時表現出來，例如，席勒的《墨西拿的新娘》中所齊唱的歌詞「人生不是最珍貴的財寶」就屬於這類。

　　現在，我們再順便談一談大團圓的悲劇效果，就是由此

悲劇之本質

所引起的「絕望」和「激昂情緒」，不論動機的純粹性還是表達的明了程度都比歌劇遜色。歌劇中，有所謂「二聲曲」表現法，令人感到似有所得又若有所失，這種二聲曲中，意志的轉換是由音樂的突然靜寂來表現的。一般來說，只有這種二聲曲優越的音響和歌劇的語法，才可能婉轉、短暫地表達出那種意味，即使單從它的動機和手法來看，也堪稱最完全的悲劇。

不論就悲劇動機的賦予方法、悲劇的動作進行、悲劇的展開以及這些因素對主角的心理作用和所產生的超脫效果（效果也要轉移到觀眾心中），都搆得上真正悲劇範本的資格。並且，中間不帶任何宗教色彩和見解，它所得的效果更加顯得真實，愈能顯著地表現出悲劇的真正本質。

有一個母親，為了孩子們的教育，便給了他們一部《伊索寓言》(Aesop's Fables)。可是，他們卻很快就把它交還給母親，非常聰明早熟的大孩子說：「這不是適合我們讀的書！它的內容太幼稚可笑。我們不相信狐狸、狼和烏鴉會說話，我們的年齡太大了，不能相信這種胡說八道。」

在這個有希望的少年身上，誰不能看出他將來會是一個開明的理性主義者呢？

第二章　愛文字的純粹

莎士比亞的悲劇世界

　　近代劇作家因為疏忽「時間」和「地點」的統一[16]而遭受批評界嚴厲的譴責。但這種忽視只有在破壞動作統一的情形下進行時，才能成其為缺點。如果真是這樣，那麼剩下的只有主要人物的統一了。莎翁的《亨利八世》就是其中一例。但假如像法國的悲劇，只是不斷地談論同一事情，動作的統一就顯得多餘了。法國的悲劇中，劇的進行像沒有極限的幾何學線條一樣，嚴守動作的統一，反而似乎在鼓動動作「前進！你儘管朝著你的工作邁進！」因而像處理事務一樣，按部就班地把一個個事件順順利利地處理下來，不致心有旁鶩，也不會為了些許小事而停滯。

　　莎翁的悲劇剛好相反，他的線條幅度是固定的，然後，在這裡繞大圈子，消耗時間，並且，有時候連一些和劇情沒太大關係的對話和場面也表現出來。但是靠著這些，讓我們很清楚地理解劇中的人物或他們的境遇。動作當然是戲曲的

---

[16] 亞里斯多德認為，「時間」、「地點」、「動作」的統一是戲劇的三大要素，謂之「三一律」。

核心，但也不能因它而忘卻描寫人的本質和生存的目的。

　　戲劇詩人也罷，敘事詩人也罷，他自己就是命運，所以也不可能不知道命運的不可違拗。同樣，他們也是人生的一面鏡子，所以作者筆下雖要出現多數平庸、凶暴的狂徒和糊塗蛋之類的人，也需要經常陪襯一些理性、聰明、善良、正直的角色，偶爾也不妨穿插一兩個氣宇軒昂的人物，依我的看法，荷馬的全部作品從未描寫過一個氣宇軒昂的人物，雖然他的劇中人多半是正直、善良的。莎翁劇集中，大概有兩個（寇蒂莉亞和科利奧蘭納斯）勉強可列入這一類，但距我理想中的人物形象還有一段距離，其餘大都是成群的蠢物。在伊夫蘭[17]和科策布[18]的作品中，則有很多品性高超的人物。哥爾多尼[19]劇中角色善惡的分配頗符合我上述的意見，他自己似乎就是站在高處靜觀世態。

---

[17]　伊夫蘭（August Iffland，西元一七五九年至一八一四年），德國劇作家。
[18]　科策布（August Kotzebue，西元一七六一年至一八一九年），德國喜劇作家。
[19]　哥爾多尼（Carlo Goldoni，西元一七〇七年至一七九三年），義大利喜劇作家。

第二章　愛文字的純粹

存在就是原罪

　　悲劇的人物往往都捨棄了自己的生活，卡德隆作品中堅定不移的王子如此；《浮士德》中的格蕾琴（Gretchen）如此；莎士比亞筆下的哈姆雷特也是如此，哈姆雷特友人赫瑞修（Horatio）願意隨他而去，但哈姆雷特要他多留一會，要他痛苦地活在這個令人厭惡的世界上，去告訴世人關於哈姆雷特的故事並除卻關於他自身的記憶；同樣，《奧倫斯的女僕》、《墨西拿的新娘》也是這樣；他們都在被痛苦淨化以後離開人世。換句話說，在他們心中曾經具有的生命意志消逝以後，自我的價值也終結了。

　　在伏爾泰（Voltaire）的《穆罕默德》中，這種情形真實地表現在快要死去的帕米拉（Palmira）對穆罕默德（Muhammad）所說的最後遺言中：

　　這個世界是為暴君而造的，但還是要活下去！

　　另一方面，所謂悲劇需要勸善懲惡則完全建立在對悲劇本質的誤解上面（即對世界本質的誤解上面）。我們在詹

森[20]批評莎士比亞的幾部戲劇中很明顯地看到這種要求,因為他非常天真地惋惜莎士比亞戲劇:

> 劇中根本沒有這種勸善懲惡的表現。實際上莎翁戲劇中缺乏這種情形也很顯然,歐菲莉亞[21]、苔絲狄蒙娜[22]或寇蒂莉亞[23]有什麼地方要受責難呢?只有那種愚笨的、淺薄的、理性主義的基督新教徒或猶太教徒對人生的看法才需要勸善懲惡並在勸善懲惡中獲得虛假的滿足。

悲劇的真正意義是對更深一層的領悟,英雄們所救贖的不是他們自己的罪惡,而是原始的罪惡,即生存本身的罪過。

「人類的最大罪過是:他出生了。」卡德隆所表達的就是這一點。

---

[20] 詹森(Samuel Johnson,西元一七〇九年至一七八四年),英國作家,為當時文壇的泰斗,他費時 7 年獨力完成睥睨英國文壇的《詹森字典》(A Dictionary of the English Language)。尤以他的朋友博斯韋爾整理其對話而成的《詹森傳》(The life of Samuel Johnson)最出名。

[21] 歐菲莉亞(Ophelia),莎翁《哈姆雷特》劇中人物,受哈姆雷特(Hamlet)冷落,更被父親追殺,溺水而亡。

[22] 苔絲狄蒙娜(Desdemona),莎翁《奧賽羅》劇中人物,她的黑人丈夫奧賽羅(Othello)懷疑妻子對他不忠,因而活活將她悶死。

[23] 寇蒂莉亞(Cordelia),莎翁名劇《李爾王》中李爾王(King Lear)的三女兒,唯一忠心於李爾王的人。

第二章　愛文字的純粹

分析喜劇

　　古希臘悲劇的主角都來自王族,近代作家大抵也都如此,這並不是作家們階級觀念太深,重權貴而輕貧賤。戲劇的著眼點,是使人產生激昂情緒,所以,只要能喚起這種情緒,不論主角是白丁還是王侯。「平民悲劇」也絕對沒有什麼值得非議的地方。其實話說回來,以那些具有大權力和大威望的人來充任悲劇的主角最為適宜,並且效果最大,因為只有在這種情形下,才能夠讓我們看到人生命運的無常,看到不幸事件的嚴重,使每一位讀者無不深感恐懼,發出哀嘆。

　　普通人感到絕望或陷入窮困境地的事情,在達官顯要眼中看來,就是微不足道的小事,認為只要他們花九牛一毛的力氣就可排除解決,因此,這類事情根本不能使他們感動。反之,位高權重的人所遭遇的不幸,外來的力量難以救助,結局真的是窮途末路,故事的主角就真的是絕對可悲了。即使位高如國王,也只能用自己的權力來救自己,否則,只有死路一條。再者,爬得高跌得重,普通百姓不會爬到那種高度。

分析喜劇

　　如果了解了悲劇的傾向及它最後目的是轉向「斷念」和「生存意志的否定」，就能明白喜劇是相反的，喜劇的目的是增強「生存意志」的信心。喜劇也難避免人生各方面的描寫，它也要反映一些人生的煩惱和可醜的事情，但喜劇中這些現象只是須臾存在的，並且混入成功、勝利和希望來表現，而此三者稍後便占據優勢，最後在歡樂聲中結束。同時，過程又描寫了層出不窮的笑料，它似乎在告訴我們，在人生可厭的事情中也充滿笑料，而這些笑料無時無地不在討好我們，只待我們花舉手之勞去擷取。總之，喜劇是告訴我們，人生是美好的，是充滿樂趣的。

　　但很奇怪的，喜劇中一到達歡喜的頂點，便急急落幕、草草收場，它似乎永遠不讓我們知道歡樂之後又將是什麼情形。悲劇則反之，通常它的結局都有「此後不再蹈此覆轍」的意味。能讓我們再稍微詳細地看看人生滑稽的一面，那是很平常的言語和舉動。詳言之，不外是小小的狼狽挫折、個人的恐懼、一時的憤怒以及內心的嫉妒等情緒，所映在現實影像之上的這些言語和舉動完全脫離了美的典型。一個思慮深刻的觀察者，不待思索就達成一種確信，確信生存和行為並沒有他自身的目的，他們只是走了錯誤的路徑，透過迷路而求得生存，這樣的表現，實不如不生。

第二章　愛文字的純粹

第三章
如果思考從這個世界上消失了

第三章　如果思考從這個世界上消失了

思考和閱讀

不管藏書多麼豐富的圖書館，假如不加整理、雜亂無章的話，它帶給我們的利益，還不如那些規模小、藏書少，但整理得條理井然、分類清楚的圖書館。同理，不管你胸中的知識如何淵博，如若不能反覆思考、咀嚼消化，它的價值遠遜於那些所知不多但能予以深思熟慮的知識。我們如果想把所學的知識消化吸收，變為己有，並且能夠充分應用發揮的話，就必須經過思考的過程，把自己的知識和各方面知識相結合，或是把你的真理和其他真理互相比較。當然，我們所能「深思熟慮」的東西，範圍狹窄得很，它只局限於我們所熟知的事情，所以，我們必須不斷求上進，不斷學習。

讀書或學習，我們可以隨心所欲，愛讀什麼就讀什麼，愛學什麼就學什麼，但這裡所謂的「思考」，可就不是這回事了，它像在風中煽火一般，必須連續不斷地搧動，才能維持火焰不熄。思考時，必須要對思考的對象發生「興趣」，不斷刺激它，並且持之以恆、不可懈怠。

思考興趣發生的原因可分為兩類：一是純粹客觀性的，

思考和閱讀

一是主觀性的。後者是在有關自我的事件時引發了思考的興趣。前者是對宇宙萬物產生興趣，這一類人之所以思考，就如跟我們的呼吸一般，純屬生理的自然現象，當然，這類人並不多見，連一般的所謂學者，真正在思考的，也少得可憐。

思考和讀書在精神上的作用，可說是大異其趣，其距離之大，恐令人難以置信。本來人類的頭腦就有個體差異，有的人喜愛讀書，有的人迷於沉思，再加上前述的距離，這原有的差異，越來越擴大起來。讀書的時候，精神的一切活動全為書本所支配，隨書本之喜而喜，隨書本之憂而憂，這正如把印章蓋在封蠟上一樣，其喜怒哀樂的情緒，原不屬於自己的精神所有。思考時則不然，在思考的瞬間，精神和外界完全隔絕，隨著自己的思考而活動，它不像讀書，被別人特定的思想所控制，而是按照當事者的稟性和當時的心情，提供了一些資料和情緒而已。

所以，一天到晚沉浸在書中的人，他的精神彈力便消失殆盡，這就和長時期被重物所壓的彈簧一般，它的彈力必定會消失的。你如果想做個沒有個性沒有思想的動物，去當個「蛀書蟲」確是不二法門。大概說來，一般「博聞多識」的人，大都沒有較佳的才慧，他們的著作不能成功，正是因為

第三章　如果思考從這個世界上消失了

一味死讀書的關係。這類人正如波普[24]所云:「只是想做個讀者,不想當作者。」

所謂「學者」是指那些成天研究書本的人;思想家、發明家、天才以及其他人類的「恩人」則是直接去讀「宇宙萬物」。

從某種程度上看,所有真正的思想和藝術都是想把大才智放在少數人身上,所以這種想法未必能成功,這一點不足為奇。因為一個能夠使人獲得樂趣的作家往往需要在自己的思想方式和讀者的思想方式之間達成某種和諧一致。這種和諧一致越完美,樂趣也越大。所以只有偉大人物才能欣賞另一位偉大人物。

由於同樣的原因,平庸的作家會引起有思想者的厭惡和心理劇變,甚至與大多數人的談話也會產生同樣的結果,因為他在談話的每一階段都會發現不適當和不一致。

---

[24]　波普(Alexander Pope,西元一六八八年至一七四四年),英國詩人,主張古典主義的審美原則,認為古希臘、古羅馬的作品是藝術典範。

真理與生命的守護神

　　嚴格說來，有根本思想的人才有真理和生命，為什麼呢？因為我們只有擁有自己的根本思想，才能真正徹底地理解，從書中閱讀別人的思想，只是拾人牙慧而已。

　　經閱讀後所了解的思想，好像考古學家從化石來推斷上古植物一樣，是各憑所據，從自己心中所湧出的思想，則猶似面對盛開的花朵來研究植物一般，科學而客觀。

　　讀書不過是自己思考的代替品而已。我們只能把書本當作「引繩」，閱讀時依賴他人把自己的思想導向某方面。但話說回來，有很多書籍非但無益，還會引導我們走向邪路，如果輕易被它們誘惑的話，我們非誤入歧途不可。所以，我們心中要有個「守護神」，靠它來指點迷津，引向正道。

　　這個守護神，只有能夠正確思考的人才具備。就是說，唯有能自由而正確思考的人，才可發現精神上的康莊大道。因此，我們最好在思想的泉源停滯之時才去讀書，思想泉源停滯，連最好的頭腦也經常有此現象。不如此，反而手不釋卷地孜孜勤讀，把自己的思想放逐到僻靜的角落，這對思想

第三章　如果思考從這個世界上消失了

　　的聖靈實在是一種罪過。這類人正如一些不得要領的繪畫學徒，成天看著乾枯的植物標本，或銅版雕刻的風景，而把大自然的景物置於腦後一樣。

　　思考的人往往會發現一種現象：他搜腸刮肚，絞盡腦汁，經過長時間研究所獲得的真理或見解，閒來不經意地翻開書本來看，原來這些論調，別人早已發掘到了。洩氣？失望？大可不必。這個真理或見解是經過你自己的思考而獲得的，其價值自非尋常可比。唯其如此，才更能證明該種真理或見解著實正確，它的理論才更能為大眾所理解接受，如此一來，你就成了該真理的一員生力軍，這個真理也成了人類思想體系的一支。並且，它不像一般讀來的理論，只是浮光掠影而已，它在你的腦海中已根深蒂固，永遠不會消逝。

　　要理解「理念」這個東西，必須把「認知」當作純粹的主體，換言之，就是在意志完全消失的條件下。我們讀歌德大部分的作品，他所描述的風景，彷彿就在我們的眼前；讀約翰・保羅對自然的描寫，覺得心曠神怡，胸襟大為開闊，我們恍惚覺得自己就是歌德，就是約翰・保羅。就是以這種心境完全淨化的客觀性為基礎。這時內心中的表象世界，已經由於這種純潔性，而完全脫離意志的世界。

如同哲學家一樣思考

　　自己思考的人，他的見解以後可能被舉為權威的例證。這時候的「權威」和一般書籍哲學家所據以為信的「權威」情形不同。前者的意見和他自身有著強而有力的連結；後者不過是蒐集整理歸納別人的意見，它就好像是用一些不知名的材料所做成的自動木偶一樣，而前者與之相比，則是個活生生的生人，它是透過在「思考之心」內種下胚胎，經過受精、妊娠、分娩等過程而產生出來的。

　　靠著學習得來的真理，就好像義手、義腳、義齒或蠟製鼻子及利用皮膚移植術等附著在身體的器官一樣──也許還不如它們來得逼真。而自己所思索得來的真理，則好像自然的身體四肢，確確實實為自己所有。哲學家和一般學者的最大分別就在這裡。正因為這點差別，他們在精神上的收穫也大異其趣。哲學家猶如一個畫師以正確的光影、適當的比例、調和的色彩，畫出一幅動人的傑作。而學者呢？他只是把各種色料加以系統的排列而已，它酷似一個大的調色盤，既無變化也不調和，更沒有絲毫意味。

第三章　如果思考從這個世界上消失了

　　讀書意味著，只是利用別人的頭腦來取代自己的頭腦。自己思考出來的東西，儘管不見得它嚴密緊湊，但總是個有脈絡可尋的總體，我們可依賴它向某種體系展開，比起看書吸收他人的思想，可說是利多害少。

　　為什麼呢？因為後者的思想是從各種形形色色的精神而得來的，屬於別人的體系、別人的色彩。他不能像自己思考的人那樣，已把自己的知識、個性、見解等融合成一個總體。他的腦子裡三教九流、諸子百家的思想紛然雜陳，顯得混亂不堪，這種思想過度擁擠的狀態，攫奪了一個人的正確觀察力，也使人失去主見，並且很可能導致精神秩序的紊亂。這種現象，我們幾乎在所有的學者身上都能發現。

　　所以，在健全的理解力和正當的批判力等方面來說，這類人遠不如那些所學無幾的人。後者雖說是胸無點墨，但靠著經驗、閱歷以及零碎的閱讀，把所學得的一點知識和自己的思想融合，或在自己的思想下臣服，變得有主見，有判斷力。

　　其實，學術性的思想家做法也不外如此，只不過他們的尺度較大，比較有深度而已。思想家要用到許多知識，所以非多讀不可，但他們精神力極強，能把所有的東西克服或同化，融進他們的思想體系內。因此，他們的見聞和知識的規模雖是愈來愈大，但已經把這些知識和見聞有機地關聯，全

部隸屬於自己的思想總體系了。這種情形下，這些思想家的固有思想，就如同風琴的低音主調，任何時刻都支配一切，絕對不會被其他音調所壓制。而那些知識大雜燴人的頭腦中，好似一支曲子摻進很多雜音，它的基本調久久尋找不出來。

你應該盡快記下產生在自己腦海中的有價值的觀念，這是不必多說的，有時候，我們甚至忘記自己做過什麼事，因此也會忘記我們想過什麼。不過，產生思想，不是當「我們」需要的時候而是當「它們」需要的時候。另一方面，我們最好不要模仿完全從外界接受的現成東西，僅僅學習得來的以及可以再從書本上發現的東西。因為模仿某種東西就已經是在把這種東西遺忘。

第三章　如果思考從這個世界上消失了

閱讀不是思考的「替身」

以讀書終其一生的人，他的知識完全是從書本汲取而來，他們如同閱讀了許多山水、遊記之類的書籍，對某地或某國的知識雖可粗枝大葉地說出來，但是甲地和乙地是如何連繫的，人文、物產、習俗又是如何等等則說不上來。反之，以思考終其一生的人，就像當地土生土長的老百姓，一打開話匣子就把本地所有事物的來龍去脈，以及各種事實或傳說和事物的總體關係等如數家珍般道出來。

一般的「書籍哲學家」如同歷史的研究者；自己思考的人，猶如事實的目擊者。後者，不論對任何事情都是靠他切身的經驗直接領會理解而來，絕不會人云亦云。所以，思想家在根本上是一致的，只是因立足點不同而互有差異。

但他們都能掌握事件的客觀原則，如果事件本身未使立足點發生任何變化，他們的見解則毫無不同。我們往往可以看到：某些自覺太過標新立異的議論，躊躇再三才把它公之於眾，到了後來，在古聖先賢的書籍中，赫然發現也有同樣的見解，因而感到一種欣喜的驚愕。

> 閱讀不是思考的「替身」

　　書籍哲學家與此相反,他們所討論的不外是,甲的說法如何,乙則有如何的看法,而丙又提出怎樣商榷,然後努力做些批評、比較的工作。這樣追求事物的真理,他們很像寫批評的歷史著述家。例如,研究萊布尼茲[25]在某時期是否有斯賓諾莎派思想的存在。供給這些好事者的資料就是赫爾巴特[26]的《道德及自然法的解剖和說明》及《關於自由的書簡》。做這類工作時,必須遍翻典籍,他們所下的苦功,恐怕任誰也會吃驚吧!反之,如果眼中只有事件,只要稍加思考,則立刻達到目的。

　　當然,坐而讀也有它的好處,只要功夫深,總可達到你的目的,用思考的方法則不是這樣。

　　思想和人一樣,不是任何人都可讓你隨叫隨到的,要看人家高不高興,樂不樂意。思考某件事情,需要一切外在機緣和內在氣氛都很調和,只有這樣,思想才會自然噴湧出來,思想絕不是他們本來就有的東西。關於這點,我們可在思考自己利害得失的場合得到說明。當我們決定個人的利害事件時,常常刻意選個適當的時間和場所,靜坐沉思,仔細分析理由或原因,再推究後果。

---

[25] 萊布尼茲（Gottfried Leibniz,西元一六四六年至一七一六年）,德國哲學家、數學家。
[26] 赫爾巴特（Johann Herbart,西元一七七六年至一八四一年）,德國哲學家、教育家。

第三章　如果思考從這個世界上消失了

　　總之，無所不思，無所不想，但到最後，還是沒有做出決定。為什麼呢？那是因為事不關己，關己則亂。這種場合，我們考察事件，往往不能安定，而轉向事物的其他方面，加之對此事的厭惡也構成一個原因。所以，此時我們萬不可勉強自己去思考，應等待，讓思考的氣氛自然湧上來。這種氣氛，往往會唐突而且重複地到來。

　　不同的時間，不同的情境，給予事件的見解也完全不同。如此這般，各種思想就會徐徐而來，到最後就是所謂「決心的成熟」。成熟思想的路徑為什麼如此繁複呢？這是因為思考過程大都呈「分割」的狀態，因此，以前所經歷過的種種事物，逐漸出現在眼前，並且事物也逐漸明朗化，了解也更深刻，如此便能耐心去思考，當初的厭惡也因此消失了。

　　理論方面的思考也是如此，也是一定要等待良好時間的到來，再說，任你再好的頭腦，並不是所有的時間都是適於思考的。因此，我們最好能利用思考以外的時間來讀書。

　　你應該嚴格地處理你的記憶力，這樣就不會忘記服從自己的支配。例如，如果你記不起某件事情，也許是一行詩或一個字，這時不應到書上去查而是要一連幾個禮拜定時藉這記不起來的事情或東西來磨練記憶，直到完成它的任務為止。因為你對某件事情或東西絞盡腦汁的時間越長，一旦得到了以後，便越難忘記。

精神世界裡的王

　　讀書是思考的代替品，而且，此中還有許許多多是別人替我們想出來的、和我們使用不同方法供給我們的精神素材。讀書的性質是如此，所以我們不必要讀太多的書，如若不然，精神習慣於代替品，將會忘卻事物的本身，總是踏著人家已經開拓的道路，而忘卻走自己的思考道路。再說，經常耽於書卷中，眼睛就脫離了現實世界，而思考的機緣和氣氛，由書本所啟發的次數遠不如現實世界多，因為現實世界和眼前的事物，具有刺激思考的強勁原始力，是思考精神的最佳對象，最容易促成此種精神活動。

　　從這一事實來看，我們能從著述中鑑別出誰是思想家，誰是書籍哲學家一點也不奇怪。很明顯，前者真摯、直接、原始，所有的思想和表現都具有獨立的特徵；後者與此相反，他們只是拾人牙慧，承襲他人的概念，就像把人家蓋過的圖章再蓋一次一樣，既缺乏力量，也模糊不清。而且，他們的文體是由傳統的陳詞濫調和流行語句組織而成的，這情形，就好像因為自己的國家不能鑄造貨幣，而用別國的貨幣流通

第三章　如果思考從這個世界上消失了

的國家一般。

經驗和讀書一樣,不能替代思考。純粹的經驗和思考間的關係,如同食物之於消化的關係。如果「經驗」自誇地說,它的發現能促進人智力的發展,這就像嘴巴自誇身體的健康完全是由於它的工作一樣可笑。

具有真正能力的頭腦,他們的「確定」和「明晰」是常人所不能及的,這類人的頭腦,時時刻刻都有一種確定明晰的表達欲望,不論是透過詩、散文還是音樂,普通凡人則不一樣。據此我們可立刻辨識作者頭腦的能與不能。

第一流作家的精神特徵是,他們的一切判斷都是直接的。他們所產生出來的作品,也都是自己思考的結果,發表之後,不論在什麼場合,任何人都會認定是一流作品。因而他們在精神領域中,如同諸侯一樣是直屬於國家的,其他的作家只是一群陪臣。

因此,真正敏於思考的人,在精神王國中,等於一國之君,擁有至高無上的權威。他的判斷如同君主的聖諭,他的話就是權威 —— 君主是不接受他人的命令,也不接受其他權威的。反之,局限於世俗流行的諸種意見的凡俗作家,像默從法律和命令的平民一樣。

如果你要評斷天才的價值,不應拿他作品中錯誤的地方

> 精神世界裡的王

或差一點的作品作為標準,而是應該拿他傑出的作品作為標準。因為即使在智慧領域內人性也有固有的弱點和荒誕之處,甚至最有才華的人也往往無法完全避免。

第三章　如果思考從這個世界上消失了

思想就像戀人

　　有些人喜歡引用權威者的詞句來爭論某種事件，以取代自己貧乏的理解和見識。筆戰中引出他們的東西，像取得莫大的靠山似的，莫名其妙地雀躍歡呼。想來大概是受到塞內卡[27]所說「與其批判，不如信任」這句話的影響。論戰之際必須有防身和攻擊的武器，這類人既無思考力，又乏批判力，所以只好引用權威之言，「這也是出於對權威者的尊敬」，他們自以為找到最好的護身符，振振有詞、據之而辯，發出勝利的呼聲。

　　現實世界中，不管舉出多少理由來證明我們過得如何幸福、如何愉快，但事實上，我們只是在重力的影響下活動而已，戰勝了它，才有幸福可言。但在思想的世界中，只有精神，沒有肉體，也沒有重力的法則，更不會為窮困所苦。所以，有優美豐饒心靈的人，在靈思來臨的一剎那得到的啟示，其樂趣絕非俗世所能比擬。

---

[27] 塞內卡（Seneca the Younger，約西元前四年至西元六五年），古羅馬哲學家，晚期斯多葛主義主要代表之一，曾任暴君尼祿之師。

思想就像戀人

　　思想浮現在眼前，如同你的戀人就在跟前一樣，你絕不會對戀人冷淡，我們也絕不會忘記此思想。然而它們可能會遠離你而去，從心中消失時，這又是為什麼呢？因為即使是最美好的思想，如果不及時把它寫下，恐怕就此一去不回頭，想找也找不到了。就像戀人一般，如果不和她結婚的話，也有離你而去的危險。

　　對愛思考的人來說，世界不乏有價值的思想，但這些思想中，能夠產生反跳或反射作用的，也就是說，此思想著述成書後能引起讀者共鳴的，卻不多見。

第三章　如果思考從這個世界上消失了

不平凡的平凡人

　　起初，人們思考那些真正有價值的東西，只是為自己著想。思想家可分成兩類，一種是專為自己而思想，另一種是為他人而思想。前者稱為「自我思想家」，只有這類人才能認真地思考事情，他們才是真正的哲人，實際上，他們一生的快樂和幸福，也是在思想之中；後者可稱為「詭辯派」，他們渴望人家稱他們是「思想家」，他們的幸福不是在自身中，而是在他人的喜好中。換言之，他們只是熱衷於投世俗之所好。另外還有一種人介乎兩者之間，我們要看他全部的做法，才能判定他是屬於哪一類。

　　利希滕貝格[28]是第一類的典型；黑格爾（Georg Hegel）很明顯是第二類。

　　生存問題——這個曖昧、多苦、須臾和夢幻般的問題，一旦認真研討，恐怕所有的工作都得耽擱了。實際上，除極少數的人外，一般人對這個問題都沒有絲毫感悟，甚至盡量

---

[28] 利希滕貝格（Georg Lichtenberg，西元一七四二年至一七九九年），德國物理學家、哲學家。

> 不平凡的平凡人

避開它,覺得與其討論此問題,倒不如把這些心思用在和自己有切身關係的事情上。或者,僅取俗世哲學的一個體系,來滿足大眾。如此想來,說「人是思考的生物」實在很可疑。所謂「思考」,也有多種不同的解釋。

照此發展下去,對人類的無思想、愚蠢,也不會引以為奇了。普通人智慧的視野當然比起動物要來得遼闊,動物不能意識到過去和將來,只存在於「現在」中,但他們的智慧也並不如一般人所想像的那般深遠。

我想,如果世界充滿真正思考的人,大概不會出現那麼多形形色色的噪音吧!然而事實卻是,社會的每一個角落充斥著令人心驚肉跳、毫無目的的噪音。造物者在創造人的時候,如果能盡如我們所願,實在不應該為我們安上耳朵,或者,至少能在我們耳裡裝置上空氣不能透過的「覆皮」,像蝙蝠一樣(關於這點,我實在非常羨慕蝙蝠)。但人類也和其他動物一樣可憫。上蒼造人的時候,早已算定只要具有足以維持生存的力量就夠了。因此,不論晝夜,不管有沒有人說話,人的耳朵始終是開著的,那是為了便於向我們報告「迫害者的接近」。

第三章　如果思考從這個世界上消失了

書不是看得越多越好

　　我們讀書時，是別人在代替我們思考，我們只不過重複他的思想活動的過程而已，猶如兒童啟蒙習字時，用筆按照教師以鉛筆所寫的筆畫依樣畫葫蘆一般。我們的思想活動在讀書時被免除了一大部分。因此，我們暫不自行思考而直接拿書來讀時，會覺得很輕鬆，然而在讀書時，我們的頭腦實際上成為別人思想的運動場了。

　　所以，讀書愈多，或整天沉浸在書中的人，雖然可藉此休養精神，但他的思考能力必將逐漸喪失，猶如時常騎馬的人，他們的步行能力一定較差。有許多學者就是這樣，因讀書太多而變得愚蠢。經常讀書，有一點空閒就看書，這種做法比常做手工更會使精神麻痺，因為在做手工時還可以徜徉於自己的思想中。我們知道，一條彈簧久受外物的壓迫，會失去彈性，我們的精神也是一樣，如果經常受別人的思想的壓力，也會失去彈性。又如，食物雖能滋養身體，但若吃得過多，反而傷胃乃至傷身；我們的「精神食糧」如果太多，也是有害無益的。

> 書不是看得越多越好

讀書越多,留存在腦中的東西越少,兩者是成反比的。讀書多,他的腦海就像一塊密密麻麻、重重疊疊、塗抹再塗抹的黑板一樣。讀書而不思考,絕不會有心得,即使稍有印象,也淺薄而不生根,大抵在不久之後又淡忘喪失。以人的身體而論,我們所吃的東西只有五十分之一能被吸收,其餘的東西,則因呼吸、蒸發等等作用而消耗殆盡,精神方面的營養也是如此。

況且記錄在紙上的思想,不過是像在沙上行走者的足跡而已,我們也許能看到他所走過的路徑,如果我們想要知道他在路上看見些什麼,就必須用我們自己的眼睛。

當你們看到世界上有這麼多教學機構擠滿老師學生時,可能認為人類專心致力於追求智慧和見識。但事實不然,老師們教學生是為了賺錢,他們所追求的不是智慧,而是智慧的表面,並且要表現自己有智慧;學生們求學,也不是為了獲得知識和見識,而是求學之後,可以把知識和見識當作閒談的素材,還可以裝腔作勢一番。

第三章　如果思考從這個世界上消失了

絕對不要濫讀

　　文學的情形和人生其實很相似，不論任何角落，都可看到無數卑賤的人，像蒼蠅似的充斥各處，做許多危害社會的事。在文學中，也有無數的壞書，像蓬勃滋生的野草，傷害五穀，使它們枯死。他們原是為貪圖金錢、謀求官職而寫作，卻使讀者浪費時間、金錢和精神，使人們不能讀好書，做高尚的事情。因此，壞書不但無益，而且危害甚大。大抵來說，目前十分之九的書籍是專以騙錢為目的的。為了這種目的，作者、評論家和出版商，不惜同流合汙，狼狽為奸。

　　許多文人，非常可惡狡猾，他們不願他人企求高尚的趣味和真正的修養，而很巧妙地引誘人來讀時髦的新書，以期在交際場中有談話的資料。如施賓德倫[29]、布爾沃-李頓[30]及歐仁・蘇[31]等人都很會投機，利用「時髦的新書」名噪一時。這種為賺取稿費的作品，無時無地不存在，並且數量很

---

[29] 施賓德倫（西元一五七九年至一六八八年），德國小說家。
[30] 布爾沃-李頓（Edward Bulwer-Lytton，西元一八〇三年至一八七三年），英國政治家、作家。
[31] 歐仁・蘇（Joseph Sue，西元一八〇四年至一八五七年），法國小說家。

> 絕對不要濫讀

多。這些書的讀者真是可憐極了，他們以為讀那些平庸作家的新作品是他們的義務，卻不讀古今中外的少數傑出作家的名著，僅僅知道他們的姓名而已——尤其那些每日出版的通俗刊物更是狡猾，使人浪費寶貴時光，以致無暇讀真正有益修養的作品。

因此，我們讀書之前應謹記「絕不濫讀」的原則，不濫讀有方法可循，就是不論何時凡為大多數讀者所歡迎的書，切勿貿然拿來讀。例如正享盛名，或者在一年中發行了數版的書籍都是，不管它屬於政治、宗教，還是小說、詩歌。你要知道，凡為愚者寫作的人常會受大眾歡迎。不如把寶貴的時間用來專讀偉人已有定評的名著，只有這些書才是開卷有益的。

不讀壞書，沒有人會責難你，好書讀得多，也不會引起非議。壞書猶如毒藥，足以傷害心神。因為一般人通常只讀新出版的書，而無暇閱讀前賢的睿智作品，所以連作者也僅停滯在流行思想的小範圍中，我們的時代就這樣在自己所設的泥濘中越陷越深了。

各個時代的各種學者和博學的人通常都是廣求見聞而非尋求見識。他們認為對一切事物都有所見聞乃是一種光榮。他們沒有想到，見聞只是達到見識的工作，本身的價值很

第三章　如果思考從這個世界上消失了

少，甚至根本沒有價值。當我看到這些見聞廣博的人知道的東西那麼多時，有時對自己說：這種人思想層面的東西多麼少呀，他們大部分時間都用在讀書上面了。

追逐保值的文藝

有許多書，專門介紹或評論古代的大思想家，一般人喜歡讀這些書，卻不讀那些思想家的原著。他們只顧趕時髦，其餘的一概不理會；又因「物以類聚」的道理，他們覺得現在庸人淺薄無聊的話比大人物的思想更容易理解，因此，古代名作難以流行起來被大多數人接受。

我很幸運，在童年時就讀到了施萊格爾[32]的美妙語言，以後也常奉為圭臬。

你要常讀古書，讀古人的原著；複述他們的話，沒有多大意義。

平凡的人，好像都是一個模子鑄成的，太類似了；他們在同時期所產生的思想幾乎完全一樣，他們的意見也是同樣庸俗。他們寧願讓大思想家的名著擺在書架上，而那些平庸文人所寫的毫無價值的書，只要是新出版的，就會爭先恐後地閱讀。太愚蠢了！

---

[32] 施萊格爾（August Schlegel，西元一七六七年至一八四五年），德國文學評論家、翻譯家。

第三章　如果思考從這個世界上消失了

　　平凡作者所寫的東西，像蒼蠅似的天天出產，一般人只因為它們是油墨未乾的新書而愛讀之，真是愚不可及的事情。這些東西，在數年之後必遭淘汰，其實，在產生的當天就應被摒棄才對，它只配做後人談笑的話題。

　　無論什麼時代，都有兩種不同的文藝，似乎並行不悖。一種是真實的，另一種只不過是貌似的東西。前者成為不朽的文藝，作者純粹為文學而寫作，他們的創作嚴肅靜默，然而非常緩慢，在歐洲西元一世紀中所產生的作品不過半打。另一類作者，文章是他們的衣食父母，他們總是能在旁觀者的歡呼鼓譟下狂奔疾馳，每年送出無數的作品。但在數年之後，不免令人發出疑問：他們的作品在哪裡呢？他們以前那顯赫一時的聲譽在哪裡呢？因此，我們可稱後者為流動文藝，前者為持久的文藝。

　　博學與富有才華相比，正如植物標本簿和那不斷更新永遠變化的植物界相比，再沒有比注釋家的博學和古代作家的童真之間的差別更大了。

經久不衰

　　買書又有讀書的時間，這是最好的狀態，但是一般人往往是買而不讀，讀而不精。

　　要求讀書的人記住他所讀過的一切東西，如同要求吃東西的人，把他所吃過的東西都儲存吸收一樣。在身體方面，人靠所吃的東西而生活；在精神方面，人靠所讀的東西而生活，但是身體只能吸收相同性質的東西，同樣的道理，任何讀書人也僅能記住他所感興趣的東西，也就是適合於他的思想體系或他讀書目的的東西。任何人當然都有他的目的，然而很少人能有類似思想體系的東西，沒有思想體系的人，無論對什麼事都不會有客觀的興趣，因此，這類人讀書必定是徒勞無功，毫無心得。

　　溫習乃研究之母。任何重要的書都需要立即再讀一遍，一則因為再讀時更能了解其所述各種事情之間的連繫，知道其末尾，才能徹底理解其開端；再則因為讀第二次時，在各處都會有與讀第一次時不同的情形和心境，因此，所獲得的印象也就不同，這就好像在不同的照明中看一件東西一般。

第三章　如果思考從這個世界上消失了

　　作品是作者精神活動的精華，如果作者是一位非常偉大的人物，他的作品就常比他的生活有更豐富的內容，或者大體也能代替他的生活，甚至有可能遠超過它。平庸作家的著作，也可能是有益和有趣的，因為那也是他的精神活動的精華，是他一切思想和研究的成果。但他的生活際遇並不一定能使我們滿意。因此，這類作家的作品，我們也不妨一讀。何況，高級的精神文化，往往會使我們漸漸達到另一種境地，從此可不必再依賴他人以尋求樂趣，書中自有無窮之樂。

　　沒有別的事情能比讀古人的名著更能帶給我們精神上的快樂。我們拿起一本這樣的古書來，即使只讀半小時，也會覺得無比輕鬆愉快、清淨超逸，彷彿汲飲清冽的泉水一般舒適。個中原因，一則由於古代語言優美，再則是因為作者的思想偉大和眼光深遠，其作品雖歷經千年依然價值無損，我知道目前要學習古代語言已日漸困難，這種學習一旦停止，當然會有一種新文藝興起，其內容是以前未曾有過的野蠻、淺薄和無價值。德語的情況更是如此。現在的德語還保有古代的若干優點，但很不幸的是，有許多無聊作家正在熱心而有計畫地濫用，使它漸漸成為貧乏、殘廢，甚至變成一種莫名其妙的語言。

文學界有兩種歷史：一種是政治的，一種是文學和藝術的。前者是意志的歷史；後者是睿智的歷史。前者的內容是可怕的，所寫的無非是恐懼、患難、詐欺及恐怖的殺戮等等；後者的內容都是清新可喜的，即使在描寫人的迷誤之處時也是如此。這種歷史的重要分枝是哲學史。哲學史實在是這種歷史的基礎低音，這種低音也傳入其他的歷史中。所以，哲學實在是最有勢力的學問，然而它發揮作用卻很緩慢。

第三章　如果思考從這個世界上消失了

第四章
文學就是一面鏡子

第四章　文學就是一面鏡子

詩和歷史

我總認為歷史和詩是完全對立的，歷史與時間的關係正如地理與空間的關係，對兩種關係的研究，其性質是一樣的，是真正意義下的科學。兩者的題材不是普遍真理而只是個別事物。那些希望知道某些事情又不必從事需要科學理性工作的人總喜歡研究歷史。

在我們這個時代，這種情形比過去更為普遍，因為每年都有無數的歷史著作問世。在歷史著作中所看到的只是同樣事物重複出現，無法看到其他東西，正如我們轉動萬花筒時，所看到的只是形狀不同的同樣東西一樣。所以我沒有繼續責難，因為我對這方面沒有興趣。

許多人想把歷史看作哲學的一部分，其實是想把歷史和哲學相混淆，他們認為歷史可以代替哲學，我反對這種看法，我覺得這荒謬可笑。人們往往偏愛歷史的原因，可以從平常所看到的社交談話中得到解釋：某人描述某種事情，另一個人又描述另外一種事情，在這種情形之下，每個人都相信自己所看到的東西。同樣，在歷史上，我們也看到人們是

> 詩和歷史

為了個別事物本身才專心於個別事物的。

另一方面,既然動物學可以考慮到種類問題,那麼歷史也可以視為動物學的延續,而在人類的情形下,由於人有個性,所以我們也必須認知個體以及影響個體的個別事件。歷史在本質上的不完整性就是這個事實的直接結果,因為世俗事件是數不清的,對歷史的研究而言,你所知道的東西絕不會減少所有東西的總量。

對一切真正的科學而言,至少可以想像一種完整的知識。當中國和印度的歷史在我們眼前開啟時所顯示的無窮內容,使我們發現這門科目其實是很荒謬的,也使那些想要了解這種知識的人明白,人類必須在「一」中發現「多」,在個案中發現法則,在人類活動的知識中發現各個民族的風俗習慣,但不要用無限的觀點去看事實。

在上面所說的歷史本質的不完整之外,我們還要了解到一個事實,就是掌管史詩和歷史的女神克利俄(Clio)染上了說謊的毛病,正如娼妓染上梅毒一樣。我認為歷史上所描述的事件和人物與實際比起來多少有點像書籍前面對作者的描述與作者本人實際情形之間的比較,只是約略相似,也僅僅只會是約略相似,有時候甚至根本不相似。

報紙是歷史的秒針。但這種秒針的金屬比其他兩種指標

第四章　文學就是一面鏡子

低一等,而且走得也不準確。報紙中的「社論」好像時代劇的合唱歌。無論從哪方面看,「誇大」對新聞寫作的重要性正如對戲劇寫作的重要性一樣,其目的就在於盡量製造事端。

出於對他們職業的考慮,一切報紙作家都是大驚小怪的傢伙,這是他們使別人對自己產生興趣的方法。可是,實際上他們所做的就像小狗一樣,只要任何東西動一動,就會大聲狂吠起來。所以我們不必太在意他們的驚慌,我們要清楚地明白報紙是放大鏡,只有這種放大鏡才會盡量把東西放大,報紙往往捕風捉影。

正如每個人都具有一定的面相,我們可以藉此對他做一個暫時的評斷一樣,每個時代也具有同樣特別的面相。每個時代的時代精神都像吹過萬物的強烈東風一樣。你可以在一切完成的東西中發現時代精神的痕跡,也可以在一切思想、作品、音樂、繪畫以及種種流行的藝術中發現時代精神的痕跡,它會在一切東西和一切人物身上留下標誌或痕跡。

一個時代所習慣使用的無意義的語言,也必定是一種沒有曲調的音樂和沒有目的的形式。因此一個時代的精神也給予自身一種外在的面貌。這種時代精神的基礎部分往往表現在建築方面:建築大體架構完成之後,接下來的首先是裝潢、器皿、家具和各種用具,最後會影響到衣著以及頭髮和鬍子的樣子。

> 詩和歷史

　　閱讀可以有助於寫作，它在我們對自己天賦才能所能有的運用中大有裨益，只有當我們具備某種才能時，它才會對我們有所裨益。如果我們不具備這種才能，就無法從閱讀中學到東西，只能學到僵硬的形式而成為膚淺的模仿者。

第四章　文學就是一面鏡子

文學之力

在智力的價值方面最大的不幸是要等待那些只能產生拙劣作品的人去讚揚優秀的作品；其實這種不幸早已存在於下述普遍事實中：優秀作品需要接受人類判斷力的評定，而這種判斷力卻是大多數人不具備的，正如閹割的人沒有生孩子的能力一樣。

大多數人所缺乏的就是這種辨別的能力和判斷力。他們不知道如何辨別真假，如何辨別精華和糟粕，如何辨別黃金和銅錫，他們感覺不出平凡大眾和英才俊傑之間的極大差距。結果就產生下述古詩中所描述的情形：

> 偉大人物命中注定只有在死後才為人所知。

在各種科學中，這種缺乏辨別能力的現象也同樣明顯。任何一種科學上的理論一旦獲得了普遍的相信以後，就會繼續公然藐視真理好幾百年。例如，經過一百年之後，哥白尼（Nicolaus Copernicus）的日心說還沒有取代托勒密（Ptolemy）的地心說。培根（Francis Bacon）、笛卡兒（René Descartes）、洛克（John Locke）也是很緩慢地獲得人們的信任。牛頓的情

形也是一樣，只要你看看萊布尼茲和克拉克（Samuel Clarke）談話中對牛頓「萬有引力說」所表現的憎惡和嘲笑，就可以證明這一點。

在《自然哲學的數學原理》(*Philosophiæ Naturalis Principia Mathematica*)一書問世後，牛頓幾乎還活了四十年，可是他死時，他的理論只為英國人所承認而且還是部分地承認。伏爾泰在解釋牛頓理論的序言中告訴我們，在英國以外，相信牛頓理論的還不到二十人。另一方面，在我們這個時代，牛頓有關顏色方面的荒謬理論，雖然在歌德關於顏色的理論問世四十年後，卻仍然被人相信。

雖然休謨[33]很早就出版作品，而且他的寫作風格也非常大眾化，可是他在五十九歲以前卻一直不為人注意。雖然康德終生著書教學，可他六十歲後才成名。

誠然，藝術家和詩人比思想家的處境好一點，因為藝術家和詩人的讀者至少比思想家的讀者多一百倍。然而，莫札特和貝多芬在世時，人們重視過他們嗎？但丁、莎士比亞在世時，人們重視過他們嗎？

如果莎士比亞的同時代人對他的價值有任何認知的話，

---

[33] 休謨（David Hume，西元一七一一年至一七七六年）是蘇格蘭的不可知論哲學家、經濟學家和歷史學家，他被視為是蘇格蘭啟蒙運動以及西方哲學歷史中最重要的人物之一。

第四章　文學就是一面鏡子

在那個繪畫藝術非常發達的時代裡，無論如何都會為我們留下他的最逼真的畫像。然而，實際上我們所得到的，只是一些完全不可靠的影像，一座拙劣的雕像，甚至一座被破壞的墓石半身像。如果同時代的人重視他的價值，今天我們也會擁有他的無數原稿而不致只有兩個法律上的簽名。

每個葡萄牙人都以他們唯一的詩人卡蒙斯[34]為榮。可是他卻靠別人的施捨為生，每天晚上，一個他從印度帶回的小孩會到街上替他把施捨品取回來。

正如陽光必須用眼睛去看才會感受到照耀，音樂必須用耳朵去聽才會感受到美妙一樣，藝術和科學中傑作的價值也必須有識者來欣賞它。只有這種人才具有魔法可以激發傑作中禁閉的幽靈而使其現身出來。在這方面，無論他多麼想欺騙自己，平庸的人面對著它好像面對著一個自己無法開啟的魔盒一樣，或者像面對著一件自己不能演奏，只能發出斷斷續續噪音的樂器一樣。一部優美的作品需要感受力銳敏的人欣賞它，一部有思想的作品則需要一個有思想的人去閱讀它，這樣才能算是真正存在而有生命。

業餘愛好者，業餘愛好者！這是那些為收入而專門從事藝術或科學工作的人，對那些基於愛好以及樂趣而從事者的

---

[34]　卡蒙斯（Luís de Camões，約西元一五二四年至一五八〇年）是葡萄牙詩人，聲名遠播葡萄牙以外的唯一詩人。

貶抑語。這種貶抑是基於他們世俗的看法，即認為除非為需要、飢餓或其他貪欲所驅使，否則沒有人會重視一件事情。

　　一般人都具有同樣的展望，也具有同樣的看法，這就是人們普遍尊重「專業者」而不信任業餘愛好者的原因。其實，業餘愛好者以事情本身為目的，而專業者卻以之為手段；而只有直接對事情本身有興趣，只出於愛好而從事一項工作的人才會全心全意。最偉大的東西往往出自業餘愛好者而非出自專門從業者。

第四章　文學就是一面鏡子

文學不分國界

　　不再把拉丁文當作普遍的學術語言，以本國方言文學代替拉丁文，這是歐洲科學和學問事業方面真正的不幸。透過拉丁文的媒介，歐洲的普遍學術溝通才會存在。在整個歐洲，能夠思想和有判斷能力的人已經夠少了，如果他們之間的溝通由於語言的障礙而斷絕和瓦解的話，他們的有利效果就大大地減少了。可是除了這個大大的不利以外，我們還可以看到更為不利之處：很快，人們就不再學習古典語言了。在法國，甚至在德國，忽視古典語言之風早已達到極點。

　　早在西元一八三〇年代，《羅馬法》被譯成德文，這件事就表明，人們已經忽視一切學問基礎的拉丁文，就是說，野蠻不開化的現象已經出現了。現在，希臘文甚至拉丁文作者的作品已經用德文注釋出版了。不管人們怎樣說，造成這種現象的真正原因是編者不再知道如何用拉丁文寫作，而我們年輕的一代人也非常高興地跟著他們走向懶怠、無知和野蠻不開化的道路。

> 文學不分國界

　　比這種現象更應該受到指責的做法是，在學術著作中尤其是在學術刊物中，甚至那些由學術機構出版的書刊，從希臘文作家甚至從拉丁文作家引來的話，竟然用德語譯文引述出來。難道你們是為裁縫和補鞋匠而寫作嗎？

　　如果這是實際情形，那麼人文、高尚格調和教養，再見吧！人類儘管有鐵路、電氣和飛行工具，卻又回到野蠻狀態了。最後，我們失去所有祖先享有的另一種便利：不僅包括拉丁文為我們留下的羅馬文化遺產，而且也包括整個歐洲的中世紀和近代以至上世紀中葉的成果。西元九世紀的艾利基拉（查無）[35]，西元十二世紀的索爾茲伯里的約翰（John of Salisbury），西元十三世紀的拉蒙・柳利[36]及其他許多人，他們思考學術問題時，都用自己覺得自然和適宜的語言表達接近我，我與他們保持直接的接觸，知道如何真正去了解他們。

　　如果他們用當時自己本國的語言寫作，情形會怎麼樣呢？我只能了解他們的一半，而真正心靈上的接觸卻不可能，我會把他們看作遠方的剪影，或比這更壞，好像是透過望遠鏡去看他們似的。為了防止這一點，可以像培根明確宣稱的那樣，他把自己的論文譯成拉丁文，題名為〈信徒的誠

---

[35] 艾利基拉（西元八一〇年至八八七年），愛爾蘭神學家和哲學家。
[36] 拉蒙・柳利（Ramon Llull，西元一二三五年至一三一六年），西班牙教士及哲學家。

第四章　文學就是一面鏡子

言〉。不過,在這方面,他曾得到霍布斯(Thomas Hobbes)之助。

我們應該說,如果想在學問範圍中表現愛國之心,那麼就像髒兮兮的人一樣,應該將其丟擲門外。當我們純粹以普遍的人類作為唯一關心的對象時,當真理、明晰和美成為唯一有價值的東西時,如果我們勇於把自己對國家的偏愛作為標準因而破壞真理,並且為了誇耀自己國家的次等人物,而對其他國家偉大人物的看法有失公允時,那麼還有什麼比這更不應該的呢?

讓概念接近知覺

如果我們根據對一般藝術的解釋，從造型和繪畫藝術轉到詩歌方面，將會看到詩歌的目的也是顯示理念，意志客觀化的各個階段以及用詩意了解它們並傳達給讀者。理念在本質上是可以認知的；所以，詩歌中直接表達的只是抽象概念，它的目的仍然是讓聽者認知這些代表典型概念的生命之理念，而形成這種情形，唯有靠他自己的想像力。

但是為了使想像力幫助我們達到這一目的，詩歌和枯燥無味的散文等直接材料的抽象概念需要適當安排，它不再停留在抽象普遍性上，而是彼此能夠相互貫通；與此相反是還有一種情形是知覺的典型呈現在想像之前，這種情形往往還受詩人自己的內心意向以及慣用文字的影響。正如化學家將清晰透明的流體合在一起並獲得固體沉澱物，詩人似乎也知道如何用結合概念的方法從抽象概念和普遍的明晰中讓具體、個別而可以知覺的表象沉澱下來。

因為只能藉助知覺認知理念，而理念的知識則是藝術的目的。名家的技巧，無論在詩歌或化學中都一樣，往往能使

第四章　文學就是一面鏡子

我們得到自己想要得到的沉澱物。在詩歌中，靠許多描寫特性的名詞、形容詞或片語來達到這個目的，因此每個概念的範圍愈來愈小，一直讓我們達到可以知覺的東西為止。荷馬幾乎在每個名詞之後都加上一個形容詞，把形容詞的概念穿插進去，縮小名詞概念的範圍，使名詞概念大大接近知覺。例如：

　　藍色天空，吹來一陣細細微風，山桃佇立，月桂高聳，寂靜無聲。

　　用少數幾個概念，就讓人想像出南國的宜人氣候。

　　對詩歌來說，韻律和押韻都是特殊輔助。除非我們的知覺能力已從它們密切相關的時間中獲得某種性質，而由於這種性質，我們內心好像和每個循環出現的聲音相應，否則對韻律和押韻所具有的難以置信的效果就無法做其他解釋。這樣看起來，韻律和押韻一方面是保持我們注意力的工具，讓我們欣然隨著詩章走，另一方面又在我們心中產生盲目的相應，對所讀的東西不經任何判斷就產生共鳴，這賦予詩章一種驚人的說服力，並且是一種與一切理性無關的說服力。

　　從素材的一般性質來看，從詩歌用以表達理念的概念來看，它的範圍很大。整個自然，所有階段的理念都可以藉助它來表現，因為它的進行是根據需求表達理念的，所以它的

讓概念接近知覺

表現方法有時用敘述的方式，有時用說故事的方式，有時又用戲劇的方式。如果是處在意志客觀化的較低階段，造型和繪畫藝術都會超越詩歌，沒有生命的自然界甚至動物界幾乎都在適當時刻表現出它的整個存在；相反，人卻不同，人不只以形體和表情來表現自己，還透過一連串行動以及隨行動而來的思想和感情來表達自己，從這一點來看，人是詩歌的主要對象，沒有其他藝術可以和詩歌相比，造型或繪畫藝術中無法表現的運動卻正合乎詩歌的目的。

因此，意志客觀化活動中最高階段理念的顯現如何以一連串相關的思想行動展現於我們面前，這是詩歌中的大問題。

偉大人物和他們生活的短暫時期有關，正如巨大建築物和它們坐落的小塊地方有關一樣，你無法完全看到他們的巍峨偉大，因為你離他們太近了。

第四章 文學就是一面鏡子

古代偉大的歷史學家都是詩人

　　經驗和歷史教我們怎樣認識人,然而所認識的大多是人類這個大層面的,個人方面的比較少。歷史給予我們的大多是人與人之間彼此相處的經驗解釋,基於這種解釋我們可以建立自己行為的準則,至於深刻了解人的內在本質的機會則比較少,不過也不是完全沒有;然而,正如歷史上或自己體會出來的經驗中所展示的往往是人類的本質一樣,同樣我們也常常用藝術家的眼光,根據理念而不根據現象,不在種種關係上了解我們的經驗,歷史學家也以同樣態度了解歷史。

　　了解詩歌像了解歷史一樣,我們自己的經驗是不可缺少的條件;可以說,歷史與詩歌都是語言的字典。但是歷史對詩歌的關係有如人物畫對歷史畫的關係:一個帶給我們關於個人的真實情形,另一個則帶給我們關於一般人的真實情形;一個擁有現象的真理,因此能從現象世界去證實它,另一個則擁有理念的真理,這種真理無法在任何特殊現象中發現,然而也是基於它們的全體方能表現出來。詩人基於深思熟慮的選擇以表現重大情景中的重大人物,歷史學家則就兩者的

> 古代偉大的歷史學家都是詩人

本來情形去了解。

　　誠然，他要注意環境和人物並作出選擇，而他的注意和選擇不是根據表達理念真正內在的重要性，而是根據關係和結果方面外在的、表面的和相對的重要性。對任何東西都不應只從它本身的基本特性和表現方面去看，而要從它種種關係、關聯和對以後的影響尤其是對當時的影響去看。所以他不會忽略一位國王的行動，即使這種行動無足輕重，即使這種行動本身非常普通，因為這種行為有結果，有影響力。

　　可是傑出的人所從事的最有意義的行動，如不能使這些行動產生結果，也就不會被記載下來。因為他的處理方法遵循有充足理由的原則並且掌握這個原則形式的現象。詩人則了解理念，了解超乎一切時間之外、離開一切關係的人的內在本質，了解最高階段物自體的充分客觀化；甚至在歷史學家所必須處理的方法中，現象的內在本質和意義以及這些外表的中心，也絕不會完全失去。

　　無論如何，凡是尋求它的人都可以發現它和認識它。然而我們在詩歌中比在歷史中更正確清楚地發現本身重大而非關係上重大的東西，即發現理念的真正展開，所以不管聽起來多麼矛盾不合理，實際上真正的內在真理應該歸於詩歌而不歸於歷史。歷史學家必須準確地根據現實生活來掌握特殊事件，這些事件是在時間中種種因果關係鏈條中展開的。

第四章　文學就是一面鏡子

可是他不可能擁有這方面的所有資料,也不能看到和發現一切。他隨時會背離他所敘述的本來面目,不能真實地敘述代表了事實的真相,這種情形經常發生。

因此我覺得我們可以大膽假設,在整個歷史中假的東西遠多於真的東西。

相反,詩人卻從應該表現確定的一面去認知人的理念,對詩人來說,客觀表現出來的才是他的自我本質。正如我們在前面討論雕刻時所說的,他的知識一半是先天的;他心中的理想堅定、明確,而且不可背離。他向我們展示純粹而明確的理念,而他對理念的描畫就連最微不足道的具體的特殊事物都像生活一樣真實。所以古代偉大的歷史學家都是詩人。的確,他們處理素材的態度接近史詩。

他們的記述具有統一性,同時,即使當外在真理無法得到或雜有虛假的東西時,他們也能夠保持內在真理,當我們拿歷史和與詩歌不同卻與歷史畫一致的人物畫相比時,我們發現古代歷史學家遵循溫克爾曼(Johann Winckelmann)的名言,即人像應該是人的理想,因為他們用一種能夠讓人的觀念明確顯示出來的方式來描繪個人。相反,除了少數例外,一般說來,近代歷史學家只給我們「垃圾箱」和堆置雜物的房間,充其量也只給我們一堆主要政治事件的編年史。

> 古代偉大的歷史學家都是詩人

　　所以，凡是想認知在一切現象和發展方面都具有相同的內在本質的人，凡想根據理念去認知的人都會發現，偉大人物的作品和不朽詩人給予我們的比歷史學家所能給予我們的要真實得多，明白得多。

　　詩人以生活和人類性格以及人類處境中的形象表現想像，他使這些形象生動化並讓觀賞者的思想盡可能地被這些形象所占據。這就是為什麼詩人能夠吸引一切賢愚不等的各色人物。相反，哲學家所表現的不是生活本身而是從生活中抽象出來的思想，因此哲學家所需要的是希望讀者盡可能地像自己一樣思考。這就是哲學家的讀者很少的原因。這樣一來，詩人可與獻花者相比，而哲學家則可與提取花的精華的工匠相比。

第四章　文學就是一面鏡子

詩歌中的魅力

即使最好的歷史學家，也絕不如詩人傳情達意入木三分；歷史學家反而有時還笨手笨腳。

從這方面看，歷史學家和詩人間的關係，可以用下述的比較來說明。

只根據資料來寫作的單純歷史學家，好像是一個對數學毫無認知，卻用測量方式研究偶然發現某些圖形關係的人。因此根據經驗來解決的問題，當然受到所繪圖形一切錯誤的影響。相反，詩人則好像數學家，他在純粹知覺中先天地建立這些關係，並且在表現它們時並非就所畫圖形中的實際情形來表現，而是就理念中的本來情形來表現，畫圖的目的就是要讓我們的感官容易認知理念。

所以席勒說：「只有在任何地方都沒有發生的東西，才永遠不會變老。」的確，關於人本質的知識，傳記有較大的價值，尤其是自傳；歷史在這方面就不行，至少在以一般方式處理它時是這樣。一部分是因為傳記比歷史有更準確和更完整的資料；一部分是因為在歷史中活動的，與其說是人類，

> 詩歌中的魅力

不如說是國家和英雄,而歷史中出現的個人似乎總不發生作用,他們被四周的情況和環境包圍,被緊緊地禁錮在國家的外衣或重重甲冑之下,因此很難突破這些去認知人的活動。另一方面,當我們真實地描述在某一狹窄範圍內的個人生活都將表現出人類各式各樣的行為,例如少數人的卓越、德行,甚至神聖,還有多數人的邪惡、平庸和奸詐以及某些人不道德的放蕩不羈。

此外,我們現在所討論的問題在現象世界的內在意義方面,不管行動所涉及的對象是重要的還是微不足道的,小到一戶農家大到一個王國,都沒什麼差別;因為所有這些東西的本身都是沒有意義的,只有意志受它們影響時,它們才有意義。只有透過它對意志的關係動機才有意義,而把它當作一個東西來看待時,它與其他同樣東西之間的關係卻與我們無關。

正如直徑一寸的圓和直徑四千萬里的圓,具有同樣的幾何性質一樣,一個村莊中發生的事件與一個王國內發生的事件,從根本上看也是一樣的;我們可以研究如何在這兩種情形下認識人類。如果我們認為自傳中充滿欺騙和掩飾,這實在是一種錯誤。相反,這裡也許比別的地方更難說謊。

在單純的會談中,掩飾才最容易。的確,雖然聽起來好像矛盾,可是實際上比起寫信來,在一封信中想要掩飾某些

第四章　文學就是一面鏡子

謊言，很不容易。寫信的話，寫信的人是單獨一個人，他只是觀察了自己而沒有觀看外面的世界，遙遠陌生的東西不容易接近他。但是，收信的人卻在一種寫信人不了解的心情下靜靜地細讀它，在不同時間內一再讀它，這樣才更快地發現其中隱藏的意向。

所以我們從某一作家的書中也很容易認識作者這個人，因為在書中，所有情況的影響都變得更強烈持久，在自傳中卻不容易掩飾。因此，整個看來，也許沒有一本自傳不比曾經記載下來的歷史來得更真實。敘述自己生平的人，把自己的生平當作一個整體來看，使特殊的變成細小的，近的變成遠的，遠的又變成近的，影響他的動機萎縮了。他處在自白的地位，這樣做是出於自願；說謊的心理不容易支配他，每個人身上都有一種對真理的傾向，每當他說謊的時候，首先就要克服這種傾向，同時這種傾向占據相當有利的地位。

傳記和國史之間的關係可以藉下述比較看得清清楚楚。歷史讓我們認知人類的境況就好像是從高山上展望，能使我們認知自然的外貌一樣：我們在一時之間看到很多東西，綿亙的空間，碩大的岩石，但是，在它的特有性質方面，卻了解得不多，什麼也沒看出來。另一方面，個人生活的描述卻讓我們認識這個人，正如當我們走在自然界的樹木、花草、岩石和流水間認識自然一樣。

詩歌中的魅力

　　世界上充滿了智力平庸的可憐人,他們所缺乏的是兩種密切相關的才能,做出判斷和產生自己觀念的能力。但是不缺乏這種能力的人,很難想像缺乏這種能力是個什麼情形,所以不容易理解他們生活的悲哀。但是這種缺乏卻一方面解釋了那些矇騙同時代人使他們把自己當作真正文學家的胡說八道者的貧乏,另一方面也解釋了出現在這種人當中那些真正有才者的命運。

第四章　文學就是一面鏡子

詩歌中的價值

　　名家詩句若忠實地改成散文，就必然會韻味大減。只有「真」才是美的，若能把真理裝飾得最美麗，赤裸裸地表達出來才最可貴。散文所表現的偉大而美麗的思想，之所以比韻文效果更具價值，道理就在於此。韻律和韻腳那些瑣碎的、小孩子玩意般的方法，能夠產生這麼強力的效果，實在令人意外，因此也大有研究的價值。

　　依我之見，它的原因大概是這樣：本來，聽覺所直接感受的，只是詞句的聲音，再加上旋律和韻腳，就好像是一種音樂，所以，它本身中已取得某種完全和意義，已經不是手段，不只是指示事物的符號，也不只是言語意義的符號，而是為了它自身的存在。而且，這個聲音的唯一使命是「悅耳」，在完成此任務之同時，也滿足了讀者所有的要求。

　　因而，這個聲音所表達的思想，如今就成了附加物，就像曲調所配上的歌詞一樣。那又像是突然而來的意外餽贈，這裡沒有任何的請託或希求，我們很容易欣然接受。假如這裡再有散文所表現的思想價值的話，那就更令我們著迷了。

| 詩歌中的價值

　　小時候，我常常只因為某詩的音韻很美，對它所蘊含的意義和思想還不甚了解，就靠著音韻硬把它背下來。任何國家都少不了只有聲韻好而全無意義的詩歌。

　　研究中國文學的戴維斯，在他翻譯的《老來得子》(西元一八一七年發行。劇中描寫，沒有子嗣的某老人，為了能有一個兒子，娶了好多妾，雖然如其所願地生了男孩，但此間發生許多家庭風波)的序文中說，中國的一部分戲曲是可以歌唱的韻文，更附帶說，一些文句的意義往往是曖昧的，根據一些專家的說法，這些韻文的主要目的是「悅耳」，而忽略意義，並且經常為了諧韻而犧牲意義。看了這一段話，大概大家都會聯想到希臘悲劇中幾乎令人不了解意義的「齊唱」。

第四章　文學就是一面鏡子

真實的詩人

　　真正的詩人,不論高級或低階,他們的直接展現的是:韻腳自然,毫不勉強。就是說,他們的韻腳像有神來之筆,很自然地表現出來,他們的思想在腦中成熟後才去找韻腳,這才是真正的詩人。細密的散文作家是為了思想而求韻腳,差勁的作家則為了韻腳而搜尋思想。閱讀兩首有韻腳的詩,我們立刻就會發現,何者以思想為王,何者以音韻為父。

　　我覺得(在這裡無法證明)韻腳成對才有效果,只有重複一遍同一個音韻,才能產生效果,重複次數太多,反而不能增強它的效果。所以,一首詩最後的音節如果以和它相同聲響的音節做終結,效果就等於零,這個音如果非用三次不可,也只能偶爾為之,因它雖加入現今存在的韻腳之列,但並不能產生強烈的印象。所以,第三個韻變成了美的累贅,毫無用處。再說,這樣的韻腳疊積法,可不必費太大的犧牲。

　　相反,一般人常用的規格,如義大利八句體(首六句是互動韻,末二句無限定)和十四行詩等,所花的功夫要比上

述的疊積法多得多,就是因詩人費了偌大的周折,反而使讀者如入迷陣,摸不到門徑。享受詩的樂趣,不是在頭腦昏然轉向之時開始的。

誠然,大詩人是能夠克服這個形式和它的困難,而能示以輕快優雅之趣的,但只有這一點事實,我們仍沒有推薦這種形式的理由。因為,這些形式本身就是極繁瑣並且沒有效果的。就連很有成就的詩人,用這些形式時,韻腳和思想也屢屢發生糾葛,有時韻律得勝,有時思想占上風,換言之,就是有時思想被韻腳壓抑而萎縮,或者,韻腳由於思想的貧弱而稍有退讓。所以,莎翁在十四行詩的前四句中,押上不同的韻,我想他不是無意的,而是為了詩趣的優越。總之,莎翁詩的聽覺效果,並不因此而有絲毫的減色。就內容來說,這種做法,也不致有削足適履之感。

第四章　文學就是一面鏡子

人之鏡

詩人讓我們以他們的眼光來看自然的風景畫時，我們更容易認知理念，更容易達到無意志的純粹認知狀態。所以在表現理念方面，詩歌遠優於歷史和傳記。因為在這裡，天才也向我們展示魔鏡，透過魔鏡一切根本的東西都集中呈現在我們面前，並且偶然和無關緊要的東西也被忽視了。

我們能完成詩人的工作並表現人的理念，因此被表現者也就是表現者，抒情詩和歌曲中的情形就是這樣。在抒情詩中，詩人只是生動地感覺自己的所處的情形並描寫它。從對象的本質來看，對這種詩而言某種主觀性是必要的。並且要表現的東西和表現的人可能完全不同，像其他各種詩歌中的情形一樣，在這種詩歌中，詩人多少把自己隱藏在他的表現背後，最後完全消失不見了。

在民歌中，詩人仍然透過全體的語調和韻律來表達自己的境況。所以儘管比抒情詩有更多的客觀性卻仍然有某種主觀的東西。這種情形在牧歌中比較少見，在傳奇詩篇中更少見，在史詩中幾乎沒有，在戲劇中也只有一點痕跡。戲劇是

最客觀的，並且從這幾個方面來看詩歌都是最完全和最困難的形式。

因此抒情詩是詩歌中最容易的，雖然藝術只屬於真正有天才的人，而這種人很難見到，但是甚至一個並不知名的人，如果因外界的強烈刺激再經某種靈感提升他的心理能力的話，也可以創造美麗的詩歌。

因為做到這一點所需要的只是生動地感覺自己的情感波動。這種情形可以從下述事實中得到證明，許多詩歌的誕生只是偶然的，在其他情形下，這些詩歌的作者並不知道。尤其是德國民歌，在《魔笛》中有些美妙的民歌，從無數情歌以及其他各民族不同語言的歌曲中也可以得到證明。因為掌握一時的心情並將這種心情具體表現於歌曲中，就是這種詩歌的整個成就。

然而整個人類的內在本質都在真正詩人的抒情詩中反映出來，而過去、現在、未來的千千萬萬人在不斷重現的同樣境遇中所發現的，或將發現的一切也都在它們中確切地表現出來。同時，由於這些境遇不斷地重現，這些境遇也像人一樣永久不變並且喚起同樣的感覺，因此真正的詩人的抒情作品雖歷經數千年，卻仍然真實、有力和鮮活。

但是，如果詩人永遠是具有世界視野的人，影響過人心

第四章　文學就是一面鏡子

的一切東西,在任何境遇中淨化人心,創造偉大作品;人類心胸孕育的一切偉大思想都將是他的主題和材料,自然界的所有存在物也都將是他的主題和材料。

所以,詩人歌頌神祕,也歌頌安逸,可以是阿那克里翁[37],也可以是西利西斯[38],可以寫出悲劇,也可以寫出喜劇,可以表現宏壯,也可以表現普通心靈,這要看他看重個人心境還是秉承天賦神命。沒有誰可以限定詩人應該是什麼樣的人。高貴的,宏壯的,道德的,虔誠的,這種人或那種人,比如基督徒,更不能因為是這種人而不是那種人就大加責難。

詩人是整個人類的鏡子,他們把感受帶到所有人的意識之中。在比較客觀的幾種詩歌中,尤其在小說、史詩和戲劇中,要表現人的理念這個目的,主要是用兩種方法達到的:一種方法是真實而深刻地描述重要的人物,另外一種則是創造一種情境使這些人展現自己。正如化學家不但應顯示純粹的簡單元素、化合物,而且也應使它們受那種明顯表現其特性的催化劑的影響。同樣,詩人不但應像自然一樣忠實地向我們表現那些重要的人物,而且,為了使我們能夠認識他們,還應擅長寫簡樸而諷刺的詩,把他們安排在那些完全展

---

[37] 阿那克里翁(Anacreon,約西元前六～前五世紀),古希臘詩人。詩歌大都以戀愛和酒為題材,如今大部分已失傳。
[38] 西利西斯(西元一六二四年至一六七七年),德國神祕主義的宗教詩人。

示了他們特性,並且明顯將特性表現出來的境遇中。

所以,這裡所說的境遇,稱為重要的境遇。在現實生活和歷史中,偶然機遇很少帶來這種境遇,它們孤立、淹沒和隱藏在那些次要境遇中。境遇的意義應像重要人物的安排和選擇那樣徹底將小說、史詩、戲劇和現實生活分清楚。不過在兩者之中絕對真理是必要條件,同時詩歌中的人物缺乏連貫性,人物本身的矛盾或一般人類本質的矛盾或事件中的或然性,甚至附屬品中的或然性,令人不快的程度正如繪畫中畫得不好的圖形錯誤的遠近配合或不適當的光線明暗一樣。在詩歌和繪畫中,我們要求對生活、人、世界的忠實反映,只是藉描繪來讓它更清楚,更有意義。

任何著作的特質:例如勸誘力或豐富的想像力、使用比喻的才能、大膽、嚴苛、簡明,在他們的步法、活動、語言、簡潔、單純中明顯地表現出來,而不能靠閱讀表現這些特質的作品而獲得。可是,如果我們早已具備這些特質,如果這些特質是我們的自然傾向,如果這些特質潛在於我們自己身上,那就可以透過閱讀別人的作品而喚起自己身上原有的這種特質,我們就可以發覺這些特質,看看這些特質能夠產生什麼結果。在我們的自然傾向中加強這種特質,在我們大膽運用這種特質時加強這種特質並判斷其效力,因而學習如何正確地運用。

第四章　文學就是一面鏡子

純粹的展現藝術

　　因為所有藝術只有一個目的，就是表現理念；它們之間的主要區別只在於理念下意志客觀化的不同階段。這個區別也決定表現中的素材。因此相隔最遠的各種藝術也可能彼此相通。例如，要徹底了解水的各種理念，如果只在沒有活水的水池和無波的河流中去看它，那是不夠的；只有當水出現在各種不同情況下並受到各種阻礙時，水的種種理念才會完全展示出來。各種不同情況和阻礙的結果讓水有機會徹底表現它的一切性質。

　　這就是當它滾動、衝擊、起泡，或噴向空中，在瀑布或浪花中傾瀉時，我們會覺得它很美好的原因；也是我們用人為方法限定它，讓它從噴泉中噴出時發現它美麗的緣故。

　　因此在不同情況下水會有不同的表現，然而它永遠保持本身的特性；向高處噴湧或靜如鏡面地躺著，對水來說這都很自然，在什麼情況下，它就表現出什麼樣子。

　　現在我們知道，工程師藉水的流質性而完成的，建築師藉石材的剛性而完成的，正是史詩或戲劇詩人藉人的理念而

> 純粹的展現藝術

完成的。展現每種藝術對象中的理念,以及每一階段中客觀化的意志的理念是所有藝術的共同目的。

在現實世界中表現出人的大部分生活,好像我們平常在池中和河中所看到的水一樣;但是在史詩,在描寫英雄故事的小說或詩歌和悲劇中,被選擇的人物安排在那些能讓特性展現出來的環境裡,人類的內心深處顯示出來了並且可以在一些十分有意義的行動中表現出來。

無論是從效果還是從完成的困難方面來看,悲劇都應被視為詩歌藝術的巔峰,事實上也應被視為詩歌藝術的巔峰。詩歌方面這個最高成就的目的是表現人生可怕的一面,這一點對我們整個思想系統來說都是很重要的,也值得仔細觀察。這裡向我們表現出來的是那種無法形容的痛苦、人類的悲傷、邪惡的勝利、隨機性的支配以及公正和天真無邪者的沒落;並且也有世界和人生本質方面的暗示。

這裡明顯表示出來的是,在意志客觀性最高階段所展示的意志的自我爭鬥。我們現在所敘述的人類痛苦時常可以看到這種爭鬥,一部分是由於支配這個世界的偶然機遇和錯誤,這種偶然機遇和錯誤在人類身上所表現的便是命運,由於它們的險惡,看起來甚至像是有計畫似的;一部分是從人本身產生出來的,由於少數人自我禁慾的企圖以及多數人的邪惡和錯誤。他們身上所具有和表現的是同一個意志,但意

第四章　文學就是一面鏡子

志的種種現象卻彼此對立、彼此破壞。它會在某個人身上表現得很有力，卻在另一個人身上表現得比較微弱；在某個人身上服從理性，並由於知識關係而得到緩和，在另一個人身上則不太服從理性，在某一種情形中，痛苦本身淨化個體的自我強化了這種知識，作為個體的自我掀開摩耶之幕不再蒙受欺騙。

這就是看透現象的形式「個體化原理」。建立在這個原理上的自我主義消滅了，所以過去非常有力的動機現在卻失去了力量，代之而起的是與世界本質有關的完整知識，這種知識對意志具有一種平靜化的效果：忍受順從。不但捨棄生活，也捨棄生命意志。因此我們在悲劇中看到最高貴的人經歷長期的矛盾衝突和痛苦後，放棄曾經熱烈追求的種種目的，並且永遠放棄人生快樂，自由自在並歡歡喜喜地捨棄生活本身。

風格是心靈的表現。心靈比身體更可信。模仿另一個人的風格，好像戴上面具，不管面具多麼好看，可是它缺乏生命，很快就會被看出來而讓人乏味和不可忍受。因此最醜陋的面孔也比面具要好。

風格上的裝腔作勢，可以和戴面具相比。

純粹的展現藝術

國家圖書館出版品預行編目資料

閱讀革命，哲學大師教你推翻不適任的文字：學者讀書，智者讀世界，唯有獨立思考才能發掘閱讀的真正價值 /[德] 阿圖爾・叔本華（Arthur Schopenhauer）著，劉大悲，陳曉南 譯 .-- 第一版 .-- 臺北市：崧燁文化事業有限公司, 2024.12
面；　　公分
POD 版
譯自：Lonely reading
ISBN 978-626-416-189-3(平裝)
1.CST: 叔本華 (Schopenhauer, Arthur, 1788-1860) 2.CST: 哲學 3.CST: 閱讀 4.CST: 思考
147.53　　　　　　　113018794

電子書購買

爽讀 APP

臉書

閱讀革命，哲學大師教你推翻不適任的文字：學者讀書，智者讀世界，唯有獨立思考才能發掘閱讀的真正價值

編　　著：[德] 阿圖爾・叔本華（Arthur Schopenhauer）
翻　　譯：劉大悲，陳曉南
責任編輯：高惠娟
發 行 人：黃振庭
出 版 者：崧燁文化事業有限公司
發 行 者：崧燁文化事業有限公司
E - m a i l：sonbookservice@gmail.com
粉 絲 頁：https://www.facebook.com/sonbookss/
網　　址：https://sonbook.net/
地　　址：台北市中正區重慶南路一段 61 號 8 樓
8F., No.61, Sec. 1, Chongqing S. Rd., Zhongzheng Dist., Taipei City 100, Taiwan
電　　話：(02) 2370-3310　　傳　　真：(02) 2388-1990
印　　刷：京峯數位服務有限公司
律師顧問：廣華律師事務所 張珮琦律師

-版權聲明-

本書版權為樂律文化所有授權崧燁文化事業有限公司獨家發行電子書及紙本書。若有其他相關權利及授權需求請與本公司聯繫。

未經書面許可，不得複製、發行。

定　　價：250 元
發行日期：2024 年 12 月第一版
◎本書以 POD 印製
Design Assets from Freepik.com